RAPPORT
JUDICIAIRE
DU PROCÈS CRIMINEL

INSTRUIT à la poursuite & diligence d'Illustrissime Seigneur D. PEDRO RODRIGUEZ DE CAMPOMANES, Procureur Général du Conseil de Castille, en exécution de l'Arrêt du 21 Décembre 1766.

Par D. AUGUSTIN DE LEYZA, Conseiller du Roi en son Conseil des Finances.

SUR la dénonciation faite par écrit à son Excellence Monseigneur LE COMTE D'ARANDA, *par le Docteur* D. BENITO NAVARRO, *Avocat aux Conseils de Sa Majesté, & signée de sa main, pour charger Don* JUAN DE BARANCHAN, *d'être l'Auteur d'un écrit séditieux, intitulé :* EL CONTRA-BANDO, *ou* LE CONTRE-EDIT, *& d'autres libelles satyriques & diffamatoires :*

Lequel Procès, après qu'il a été vérifié que cette dénonciation étoit calomnieuse, & qu'elle avoit été inspirée & dirigée par quelques Religieux de la Compagnie (de Jesus) a été fait & parfait audit Benoît Navarro, *natif de Seville, & âgé de 36 ans.*

ACTES AUTHENTIQUES

QUI prouvent l'obstination des Religieux expulsés & de leurs Adhérens, portée jusqu'à supposer de faux miracles pour exciter & entretenir le fanatisme au sujet de leur rétablissement.

MADRID 1767.
De l'Imprimerie de JOACHIN DE IBARRA.
Avec la permission nécessaire.

Et se trouve à PARIS
Chez P. G. SIMON, Imprimeur du Parlement, rue de la Harpe.

M. DCC. LXVIII.

RAPPORT JUDICIAIRE

DU PROCÈS CRIMINEL

INSTRUIT à la pourſuite & diligence d'Illuſtriſſime Seigneur D. PEDRO RODRIGUEZ DE CAMPOMANES, Procureur Général du Conſeil de Caſtille, en exécution de l'Arrêt du 21 Décembre 1766.

Par D. AUGUSTIN DE LEYZA, *Conſeiller du Roi en ſon Conſeil des Finances ſur la dénonciation faite par écrit à ſon Excellence Monſeigneur* LE COMTE D'ARANDA, *par le Docteur D.* BENITO NAVARRO, *Avocat aux Conſeils de Sa Majeſté, & ſignée de ſa main, pour charger Don* JUAN DE BARANCHAN, *d'être l'Auteur d'un écrit ſéditieux, intitulé :* EL CONTRA-BANDO, *ou* LE CONTRE-EDIT, *& d'autres libelles ſatyriques & diffamatoires : Lequel Procès, après qu'il a été vérifié que cette dénonciation étoit calomnieuſe, & qu'elle avoit été inſpirée & dirigée par quelques Religieux de la Compagnie (de Jeſus) a été fait & parfait audit* Benoît Navarro, *natif de Seville, & âgé de 36 ans* (1).

PRÉCIS.

1. LA dénonciation dont il s'agit fut remiſe à M. le Procureur Général. Ce Magiſtrat frappé de l'énormité des délits dont il s'y agiſſoit, & de l'importance dont il étoit de conſtater ſi ceux qui y ſont accuſés d'être les Auteurs de certains libelles, écrits & placards ſéditieux, & d'autres excès relatifs à la ſédition de Madrid, étoient réellement les vrais coupables : après avoir peſé toutes les circonſtances, l'époque de la révolte, pendant laquelle on afficha le placard intitulé CONTRE-EDIT, la date de la dénonciation, ſe décida à donner ſon Requiſitoire le 20 Décemb. 1766. Il y expoſoit d'abord que cette dénonciation étoit vehementement

(1) Il a été conſtaté juridiquement que ce Navarro avoit été Jéſuite de Robe-Courte, & que, à l'inſtigation des PP. de la Société, pour détourner d'eux le ſoupçon de la révolte, des libelles & placards ſéditieux, dont ils étoient les principaux Auteurs, avoit voulu en charger d'honnêtes gens qui n'y avoient aucune part.

suspecte, & méritoit, ainsi que tout ce qui en pouvoit résulter, l'examen le plus sérieux : il demandoit ensuite qu'il fût nommé un Commissaire, qui, avant toutes choses, commenceroit par s'assurer des personnes de *Navarro* & de *Baranchan*, en remettant seulement ce dernier aux arrêts, & feroit toutes les autres procédures nécessaires pour parvenir à l'entier éclaircissement d'une affaire si importante.

2. Le Conseil, dans son assemblée extraordinaire du 21 Décembre 1766, faisant droit sur le Requisitoire de M. le Procureur Général, laissa à Son Excellence Monseigneur le Président, le choix du Commissaire, & Son Excellence nomma Messire *Don Augustin de Leyza*. Ce Magistrat, après avoir procédé à l'information, fit arrêter les accusés, en donnant seulement à *Don Juan de Baranchan*, la ville & les fauxbourgs de Madrid pour prison.

3. Sur le rapport qu'en fit M. le Commissaire au Conseil, & sur les Conclusions du Procureur Général, il intervint Arrêt le 26 Mars 1767, qui ordonnoit qu'il seroit par ledit Seigneur Commissaire, procédé sans délai à l'interogatoire de Navarro, & au recollement des témoins, tout pouvoir nécessaire lui étant donné à cet effet & pour toutes les procédures ultérieures.

4. En exécution de cet Arrêt, le Commissaire, après avoir procédé aux interrogatoires, & aux récollement & confrontation des témoins pour mettre le procès en état, nomma pour Promoteur Fiscal le Licencié *Don Juan-Antonio Pastor*, à la requisition duquel l'accusé fut oui en ses défenses, & le procès fut mis en état d'être jugé sur les demandes respectives.

DEMANDES.

5. De la part du Promoteur Fiscal il est requis, que pour réparation & vindicte publique, *Navarro* soit condamné aux peines les plus grièves, qu'il a mérité par ses excès.

6. L'Accusé, de son côté, demande, qu'en considération de la longue détention & prison qu'il a soufferte; attendu qu'il n'est coupable que par inadvertence & défaut de réflexion; que de plus *Baranchan*, le principal offensé, n'a formé aucune plainte ni demande contre lui; que si l'intérêt public a été grièvement lésé par la qualité des excès dont est question, il a été fait une réparation suffisante par tout ce que l'Accusé a déja souffert; vu d'ailleurs qu'il est de toute évidence que l'Accusé n'a pris qu'une part purement matérielle à la dénonciation dont il s'agit, & qu'il n'en est point formellement l'auteur, puisqu'elle est réellement l'ouvrage des Pères *Michel Bénavente*, *Ignace Gonzalez* & autres Religieux de la Compagnie, qui ont indubitablement été les auteurs de la sédition; ce qui est si vrai, que leurs excès, leurs crimes, joints à d'autres motifs, leur ont mérité d'être bannis de ces Royaumes avec confiscation de tous leurs biens, afin qu'il ne reste d'eux aucune mémoire; enfin, pour autres raisons dignes de l'équité & de l'humanité qui éclatent si supérieurement dans le Conseil, où les délits ne se mesurent que sur le dol, dont l'Accusé n'est pas plus coupable que de la faute considérée sous le point de vue qui en fait la gravité: IL PLAISE au Conseil de le décharger de toute peine & de le remettre en liberté, afin que se réveillant du sommeil létargique où l'avoient plongé les manœuvres de ces cœurs si impies, il puisse vivre tranquillement dans l'état qu'il s'est proposé, & que l'honnête famille à laquelle il appartient, ne demeure pas chargée d'affliction & d'infâmie.

RÉCIT ET INSTRUCTION DU PROCÈS.

7. La pièce fondamentale du procès est la dénonciation faite le 28 Octobre 1766, à S. E. M. le Comte d'Aranda, Président du Royal & Suprême Conseil, par le Docteur *Don Benito Navarro*, écrite & signée de sa main en la forme suivante.

8. » Don *Juan Baranchan* a fait & composé en
» ma présence les écrits qui ont été répandus dans
» la ville de Madrid, & qui étoient adressés à *M.*
» *le Duc de Hijar*, à *M. le Comte d'Altamira* & à
» *M. le Corregidor* (1). Le but de ces écrits étoit
» d'empêcher ces Seigneurs de se rendre à la Cour
» pour affaires qui devoient les y amener. *Baran-*
» *chan* les écrivit dans la chambre dite de la Ré-
» demption, au Couvent des Trinitaires chaussés.
» Il s'y étoit rendu en sortant du cabinet de la sa-
» cristie, où étoit alors *Don Joseph de Flores* avec
» sa femme. Je le suivis dans cette chambre de la
» Rédemption, où il me dit qu'il falloit faire usage
» dans ces écrits de quelques expressions propres
» & familieres au Marquis de Valdeflores (2),
» comme du mot de *Frivolité*, afin d'imiter son style
» & de faire croire qu'il étoit l'auteur de ces écrits.
» Le Marquis de *Valdeflores* venoit souvent voir
» *Don Joseph de Flores*, Maître de *Baranchan* (3).

» *Baranchan* me raconta aussi que ce fut lui, qui,
» la nuit du Dimanche d'après l'émeute, mit un
» tas de fagots contre la maison de M. *Hermosilla*

(1) Le *Corregidor* est le premier Magistrat Municipal, & le premier Officier de Police des Villes d'Espagne.

(2) Le Marquis *de Valdeflores* étoit un intime ami des Jésuites, il avoit soufflé avec eux le feu de la révolte. Le Roi avoit fait arrêter ce Seigneur, & l'avoit envoyé en exil: c'étoit réellement lui qui, avec le Jésuite *Benavente*, avoit composé les écrits séditieux que *Navarro* a ici la méchanceté d'attribuer à *Baranchan*, à la sollicitation des Jésuites, comme on le verra ci-après.

(3) On verra dans la suite que *Baranchan* étoit un jeune homme de beaucoup d'esprit, nullement ami des Jésuites, & fort lié avec un bon Prêtre, appellé *Don Silvestre Palomares*, qui aura aussi sa part aux calomnies de *Navarro*, parce qu'il étoit zélé Thomiste & grand ennemi de la doctrine des Jésuites. *Baranchan*, après avoir achevé son droit, s'étoit, suivant l'usage des jeunes légistes d'Espagne, attaché en qualité de Clerc à *Joseph de Flores*, habile Avocat, dont il est parlé dans cette dénonciation.

» pour y mettre le feu ; mais qu'il ne put venir à » bout de son dessein, parce que les mutins l'ap- » pelloient ailleurs. Je ne me rappelle pas si ce fut » cette même nuit qu'il cassa les vîtres de la mai- » son dudit sieur *Hermosilla* ; mais je me souviens » très-bien qu'il me dit, que c'étoit lui qui les avoit » cassées ; qu'il avoit donné de l'aide à l'un des » séditieux qui furent tués dans la rue des Bro- » deurs, & qu'il l'avoit accompagné jusqu'à l'Hô- » pital du Bon-Succès. Il me dit aussi, qu'il » avoit été l'un de ceux qui forcerent la maison » des Galeres, & qui en firent sortir les femmes » qui y étoient renfermées (1) : à telles enseignes, » qu'un de ses compagnons ayant refusé de lui don- » ner secours, il tira de sa poche une pièce d'ar- » gent (2), & la lui donna pour boire. Il m'ajouta, » qu'étant entré par force dans cette maison, il y » trouva la nommée Isabelle fort effrayée, qu'il la » prit par le bras, en lui disant : c'est pour toi que » tout cela se fait, va-t'en donc bien vîte ; & » qu'ayant ensuite trouvé dans le quartier de la rue » des Deux-Sœurs, un soldat étranger tout estro- » pié, il aida à l'emporter.

9. » Il me dit aussi, que le jour d'après qu'on » eut affiché l'Edit pour défendre la composition » & la distribution des libelles séditieux & écrits » satyriques, il composa le CONTRE-EDIT. Sur » quoi lui ayant remontré à quoi il s'étoit exposé ; » il me dit qu'il l'avoit écrit en grosses lettres fi- » gurées, de maniere que personne ne pourroit y » reconnoître son écriture. Il ajouta, qu'apparem- » ment j'ignorois qu'il étoit très-lié avec les » Frères des Ecoles pies (3) ; qu'il avoit été lui-

(1) *Les Galeres*, c'est à Madrid une maison de force où l'on enferme les femmes & les filles débauchées.

(2) *Peséta* est une piéce de monnoie Espagnole de la forme de nos piéces de 24 sols, & qui vaut à peu près autant.

(3) Le texte porte *Esculapios*, c'est ainsi que le peuple appelle en Espagne les Freres & Religieux des Ecoles Pies ; en réunissant les deux mots *Escuela-Pia*, dont on a fait *Esculapios*. Ces *Esculapios*, ou Freres des Ecoles Pies,

» même pendant quelque tems de leur Compa-
» gnie, & qu'il avoit toujours conservé une étroite
» liaison avec eux.

» Il y a environ quinze jours qu'il me dit encore,
» qu'un Prêtre, appellé *Don Silvestre Palomares*,
» l'ayant nommé dans une déclaration qu'il avoit
» faite devant *Don Philippe Codallos* (1), il avoit aussi
» été cité devant ce Magistrat pour y faire pareil-
» lement sa déclaration. Il m'a dit en plusieurs oc-
» casions, que ce *Palomares* (2) étoit un fort mau-
» vais sujet, coupable de bien des crimes, & qui
» a eu plusieurs démêlés avec son Evêque. Il m'a
» raconté à ce sujet quantité de détails. Cependant
» il loge dans la maison de ce *Don Silvestre*, ou du
» moins il y a couché. Dans la conversation dont
» je viens de parler, il me dit que cet Ecclésiasti-
» que avoit déposé devant *Don Codallos*, que le
» jour de l'émeute le Pere *Isidore Lopez* étoit à la
» porte du Collége Impérial avec plusieurs gens
» emmitouflés ou masqués, & que du milieu de
» cette troupe, on entendit sortir le cri, que *le*
» *Marquis de la Ensenada* (3) devoit être mis à la

sont détestés des Jésuites, à cause de leur opposition à leur doctrine, & de la confiance qu'on a en eux pour l'éducation des enfans; c'est pour cela que *Navarro* a la méchanceté, dans sa dénonciation calomnieuse, de les vouloir faire passer pour des faussaires, & des imposteurs habiles à déguiser les Ecritures.

(1) Ce *Philippe Codallos* est un des premiers Magistrats du Conseil, qui avoit été Lieutenant Général de Police à Madrid.

(2) On verra dans la suite que ce Prêtre est un très-honnête homme, fort ami de *Baranchan*, mais très-ennemi de la doctrine des Jésuites; c'est ce qui lui a mérité les calomnies qu'on voit ici, & que *Navarro* a la malice de mettre sur le compte de *Baranchan*.

(3) *Le Marquis de la Ensenada* a été Ministre d'Etat sous le Regne précédent; il étoit extrêmement dévoué aux Jésuites. Ayant été disgracié au commencement du Regne de Charles III, le Marquis de *Squillace*, Seigneur Napolitain, fut mis dans le Ministère. La haine que les Jésuites avoient pour ce Seigneur, que le Roi avoit amené de Naples avec lui, a été l'une des principales causes de la sédition; le but

» place du *Marquis de Squillace*, & que le Père » *Giron* avoit débité dans un sermon bien des pa» roles avec allusion aux affaires présentes, pour » la défense de la Compagnie. *Baranchan* me dit » enfin, que la déclaration de *Don Silvestre* conte» noit deux feuilles & demie de caractere fort » serré, & qu'il l'avoit apportée toute écrite, parce » que M. *Codallos* lui avoit dit, qu'étant un homme » habile, il pouvoit l'écrire & qu'on la copieroit. » Il me dit encore qu'un Prêtre Portugais ami de » *Don Silvestre* avoit dû faire la même déclaration, » mais que, pour ne pas se mettre dans le cas de » justifier qu'il ne s'étoit pas trouvé dans la ba» garre, ce qui étoit faux, il avoit dû nier tout le » reste ; & c'est ce que faisoit aussi *Palomares* dans » sa déclaration.

» Quant à *Baranchan*, il m'a dit que lorsqu'il » alla faire sa déclaration, M. *Codallos* lui demanda » d'où il connoissoit *Don Silvestre Palomares* ; qu'il » lui répondit que c'étoit parce qu'il disoit la Messe » dans l'Eglise de la Merci, & que c'étoit un Prê» tre ennemi des Jésuites ; ce que M. *Codallos* n'é» crivit point, car, selon Baranchan, c'est un hom» me à falsifier les procès-verbaux & les déclara» tions qu'on lui fait. Que quant à lui, *Baranchan*, » il avoit fait cette déclaration pour faire tomber » celle de *Palomares*, parce qu'elle étoit fausse » à l'égard du Pere *Isidore*, puisqu'il ne l'avoit » pas vu, & que son objet principal étoit de justi» fier qu'il ne s'étoit point trouvé dans l'émeute.

10. » Ce Particulier (*Baranchan*) est ami d'un » nommé *Don Francisco Llanos* employé dans le » Secrétariat de la Présidence, & par son moyen » il sçait tout ce qui s'y passe (1) Il a aussi pour » ami un *Don Antonio Cortès*, d'Estramadoure, qui demeure à Saint-Genès dans l'appartement du

étoit de chasser d'Espagne M. de Squillace, comme cela est arrivé.

(1) Cela a été dit par *Navarro* pour perdre aussi Don *Llanos* par cette calomnie. On en verra ci-après la fausseté.

» Curé, on pourra là s'en informer. *Baranchan* a
» ses livres dans un cabinet d'une maison qui tou-
» che aux Carmes Déchaussés; ce cabinet est dans
» un galetas qu'ils ont donné pour habitation à la
» femme de *Don Joseph de Flores;* mais je ne sçai
» où il va faire sa méridienne. Tout ce que je sçai,
» c'est qu'il est ordinairement chez les Trinitaires
» chaussés, où il sert de Secrétaire à *Don Joseph*
» *de Flores;* mais depuis quelque jours ils se tien-
» nent sur leurs gardes à mon égard pour deux
» raisons. La premiere, parce qu'ils m'ont soupçonné d'avoir dénoncé à M. l'Inquisiteur général,
» comme je l'ai fait réellement, les œuvres de Ma-
» chiavel, que lisoit un Officier étranger qui demeu-
» roit avec *Baranchan* à Aranjuez. (ils m'ont appris
» depuis qu'ils les avoient vendues au Secrétaire
» d'ambassade d'Angleterre). La seconde, parce
» que m'ayant voulu emprunter vingt-cinq pisto-
» les pour ledit *Flores*, je ne voulus pas les don-
» ner.

» Dans le tems que *Baranchan* fit courir les
» écrits adressés au *Duc de Hijar*, *au Comte d'Alta-*
» *mira* & au *Corregidor*, il fréquentoit, à ce qu'il m'a
» dit, le neveu d'un nommé *Alarcon*, Référendaire
» au Conseil de Castille, & je présume, non sans
» fondement, parce que je le lui ai entendu dire, que
» c'est ce Particulier dont il s'est servi pour répan-
» dre les susdits écrits, ainsi que le *Contre-Edit* fait
» contre l'Ordonnance qui proscrit les libelles sa-
» tyriques & diffamatoires.

11. La dénonciation qu'on vient de transcrire ayant été remise à M. *Don Augustin de Leyza*, pour en vérifier le contenu, conformément au Réquisitoire de M. le Procureur Général, adopté par le Conseil, comme on l'a dit, il fit, avant toutes choses, procéder à l'emprisonnement de *Navarro*.

Emprisonnement de Don Benoît Navarro.

12. [*Pièce 2, fol. 1.*] Il fut arrêté le 23 Décembre 1766, entre sept & huit heures du soir, dans l'ap-

partement où il demeuroit. M. le Commissaire s'y étoit transporté. Navarro lui demanda, aussi-tôt qu'il l'apperçut, s'il avoit quelque déclaration à faire? Si son intention étoit de le faire mener en prison? Si on lui permettroit d'emporter un coffre, en cas qu'il fût question de le faire sortir de cette Ville? Il le supplioit en même tems de lui dire quel étoit le sujet de sa prison ou de son exil, dont il se doutoit bien lui-même: il lui demanda aussi si c'étoit par ordre de M. le Président que cette expédition se faisoit contre lui? Et quoique M. le Commissaire ne fit aucune réponse précise à ses questions, il insistoit toujours dans la supposition qu'il falloit qu'il y eût un ordre de Son Excellence. Après qu'on se fut assuré de sa personne, on trouva sur lui des papiers qu'on saisit avec ceux qui se trouvèrent dans son appartement. Il sera fait mention ci-après de tous ceux qui ont quelque rapport au procès.

13. Quand on eut fait cette expédition, & les recherches de la personne de *Baranchan*, que l'on ne trouva point alors,

14. [*Pièce 2*, *fol. 5*, *A.*] On procéda à l'information, dans laquelle déposèrent la nommée *Manuelle Rodriguez*, *Jean Carbonel*, domestiques de *Navarro*, & *Joseph Rodriguez*, frère de Manuelle, lequel demeuroit aussi chez lui. Tous déclarèrent unanimement que Navarro avoit été dans les Indes Assesseur de Don N. N. (1); que tous les jours un Prêtre nommé *Don Manuel Cantero* le venoit voir, & qu'ils alloient passer ensemble le reste de l'après-diner à la promenade; que *Navarro* alloit souvent dans la maison d'un Marchand nommé *Don Juan Angel de Olavarrieta*, chez qui il envoyoit le second témoin chercher les lettres qu'on lui écrivoit à l'adresse de ce Marchand, & pour y prendre l'argent qu'il lui offroit toujours. Les deux autres té-

(1) C'est un Grand d'Espagne, qui a été Gouverneur dans le Paraguai: il jouit d'une très-grande considération, c'est pour cela qu'on lui a épargné le désagrement de voir son nom dans ce procès.

moins ajoutèrent qu'il étoit en correspondance avec un Avocat du Port de Sainte-Marie, appellé *Luceta*.

Interrogatoire & première déclaration de Don Benito Navarro.

15. [*Pièce 2, fol. 9.*] Tout de suite, & sans préjudice de la continuation de l'information, on prit les réponses de l'accusé, qui déclara le jour & la forme de son emprisonnement, de la maniere qu'on l'a rapporté ci-dessus, & qu'il ne sçavoit pas pourquoi on l'avoit fait arrêter.

16. Que depuis deux ans & demi il demeuroit dans cette Ville, & qu'il y sollicitoit un Emploi dans les Indes, qu'il espéroit obtenir, parce qu'il avoit été, à *Buenos-Ayres*, Assesseur & Auditeur de Guerre, sous le gouvernement de Don N. N.; que depuis il étoit revenu en cette Capitale, d'où il étoit allé à Séville pour ses affaires, & qu'il étoit revenu ici pour suivre un procès qu'il avoit pour des intérêts à la Chambre *de mil y quinientos* (1).

17. Qu'il avoit plusieurs amis en cette Ville; que celui avec lequel il avoit le plus d'habitudes étoit le Docteur *Don Manuel Cantero*, Prêtre, sans avoir en cela d'autre objet que de s'amuser & de passer agréablement le tems que lui laissoient ses sollicitations & la suite de ses affaires.

18. [*Pièce 2, fol. 10.*] Interrogé s'il connoissoit *Don Juan de Baranchan*; à quelle occasion il avoit fait connoissance avec lui; quelles particularités & conversations il y avoit eu entre eux, pour quelles affaires, & en quel tems?

Il répondit qu'il se référoit entièrement à une dénonciation qu'il avoit faite à Son Excellence M. *le Comte d'Aranda*, écrite & signée de sa main en présence de Son Excellence: Qu'il connoissoit ledit

(1) Cette Chambre est une Commission du Conseil, où l'on se pourvoit en révision ou en cassation contre les Jugemens en dernier ressort. On n'y est admis qu'en consignant 1500 ducats : c'est pour cela qu'on l'appelle la Chambre de *mil y quinientos*, c'est-à-dire *des mille cinq cens*.

Baranchan; parce qu'il étoit le Clerc de *Don Joseph de Flores*, Avocat de lui, Répondant; que la perte d'un procès avoit obligé cet Avocat de se réfugier dans le Couvent des Trinitaires chaussés; & qu'à l'occasion de l'extrait que *Baranchan* avoit fait d'un procès que le Répondant poursuit, & qui l'obligeoit souvent d'aller voir ledit *Flores* son Avocat, ledit *Baranchan* lui avoit fait plusieurs confidences (1) au sujet de la sédition & du tumulte arrivé dans cette Ville; qu'entre autres choses il lui avoit dit qu'il avoit été un de ceux qui, la nuit du Dimanche (des Rameaux), avoient mis le feu à la maison de *Don Julien Hermosilla*, pour se venger de ce qu'il avoit été la cause que son Maître avoit perdu son procès, pour raison duquel il avoit été obligé de se réfugier dans le couvent où il étoit; mais que cette entreprise n'eut point d'effet, quoiqu'il eût amassé beaucoup de bois autour de la maison dudit Don Julien, parce qu'on vint lui donner avis qu'il y avoit quelques mutins tués dans la rue des Brodeurs; qu'il y en eut un qu'il aida à bien mourir, en l'accompagnant jusqu'à l'Hôpital du *Bon-Succès*; en signe de quoi, le lundi ou le mardi suivant, il montra au Répondant un mouchoir ensanglanté, en disant que c'étoit du sang d'un de ceux qui avoient été blessés ou tués; qu'il lui avoit dit aussi que le soir du lundi (Saint) il avoit été dans la bagarre, & que le mardi (Saint), étant à la tête d'une troupe de mutins, il avoit fait sortir les femmes enfermées à Saint Nicolas & à la Galère, à telles enseignes, qu'ayant dit à un autre chef de mutins de l'aider à mettre ces femmes en liberté, il lui avoit donné une pièce de vingt-quatre sols pour boire, en lui disant: Crie bien haut, où allons-nous? Je te répondrai, à la Galère, & tous les autres nous suivront: Que ce fut en présence du Répondant que ledit *Baranchan* fit les écrits qu'on envoya au Duc *de Hijar*, au Comte *d'Altamira* &

(1) Toutes ces prétendues confidences sont des pures faussetés & calomnies, comme *Navarro* lui-même l'a déclaré dans la suite de l'instruction, ainsi qu'on le verra ci-après.

au *Corrégidor* (1); qu'il écrivit ces papiers dans la cellule de la Rédemption, après être forti avec le Répondant de la cellule de Dehors, qui est près de la loge du Portier, & dans laquelle étoit *Flores* avec sa femme; qu'ils entrèrent ensemble dans un cabinet de la cellule de la Rédemption, dans laquelle *Flores* avoit son lit & son bureau; qu'il se ressouvenoit très-bien que la teneur de ces écrits avoit pour but d'empêcher les Seigneurs à qui ils étoient adressés d'aller se jetter aux pieds du Roi pour lui demander pardon de l'émeute; & qu'à l'occasion de certaines phrases dont il s'étoit servi, & de cette conclusion latine, *vicimus*, *expulimus*, qui terminoit ces écrits, le Répondant lui avoit dit que c'étoit des expressions & des saillies familières au Marquis *de Valdeflores*; à quoi *Baranchan* a répondu que c'étoit aussi par cette raison qu'il les avoit mises, afin qu'on crût que ces écrits étoient l'ouvrage de ce Marquis: Que le même *Baranchan* lui avoit fait la confidence que c'étoit lui qui avoit fait le placard qui parut affiché avec le titre de *Contre-Edit* (2), le lendemain de la publication de l'Ordonnance qui défend les écrits & libelles satyriques; & le Répondant lui ayant fait quelques remontrances sur la hardiesse qu'il avoit eu de fabriquer de semblables écrits, dans lesquels on pourroit reconnoître son écriture, il lui répondit qu'ayant été *Esculape* (3) pendant quelque tems, il avoit en leur Collège quelques amis anti-Arragonnois, habiles à déguiser les écritures. Peu de jours après il montra au Répondant quelques frag-

(1) On verra ci-après que ces écrits séditieux étoient l'ouvrage des Jésuites, que le P. *Benavente* les avoit fait copier dans sa chambre par *Navarro* lui-même, pour les porter à *Baranchan*, & le prier de lui en faire une copie, afin d'avoir un prétexte pour l'accuser qu'il en étoit l'Auteur.

(2) Ce placard séditieux, dont on verra ci-après la teneur, venoit encore des Jésuites; *Baranchan* n'y eut jamais aucune part.

(3) C'est-à-dire Frere des Ecoles Pies.

mens d'un écrit qui commençoit ainsi : *Vu par le Fiscal l'écrit intitulé, Contre-Edit.* Le premier contenoit des instructions pour les Confesseurs des Rois, & le Gouvernement des peuples, avec ce qui s'est ensuivi, en plusieurs endroits, de la défense d'écrire des libelles & satyres contre le Gouvernement. Le Répondant lui ayant demandé, comment il pouvoit répandre de semblables écrits, il répondit qu'il se servoit pour cela d'un neveu du nommé *Alarcon*, référendaire du Conseil, & qu'il y emploioit aussi d'autres amis. Le répondant l'ayant exhorté de ne plus se mêler de pareilles choses, & de bien prendre garde où il mettoit ces sortes de papiers, il lui montra une natte de sa chambre à coucher, qui étoit dans la rue des Rapporteurs & dans le logis que son maître occupoit ci-devant, & lui dit que c'étoit sous cette natte qu'il cachoit ces papiers ; que quelques jours après *Baranchan* alla à Aranjuez pour une affaire de son maître ; que le répondant y ayant aussi été dans le même tems, il se trouva avec *Baranchan* chez un nommé *Bernasconi*, où il remarqua qu'un Officier étranger, qu'il ne connoissoit pas, & qu'il n'a pas vû depuis, lisoit les Œuvres de Machiavel ; qu'étant revenu en cette Capitale, il avoit, pour satisfaire aux mouvemens de sa conscience, & aux avis d'hommes savans, déféré ce fait au Grand Inquisiteur. Que cette délation ne fut pas sans effet, puisque *Flores* lui en ayant parlé, lui dit que le Sécretaire de l'Ambassade d'Angleterre avoit reclamé ce Livre, en disant qu'il étoit de la Bibliothèque de l'Ambassade ; que depuis ce tems-là le répondant s'étoit apperçû que *Flores* & *Baranchan* lui marquoient de la défiance ; à quoi se joignit un autre sujet de mécontentement, venu de ce que *Flores* lui ayant fait demander vingt-cinq pistoles par *Baranchan*, il répondit, qu'il ne pouvoit les donner ; que quelques jours après étant dans la cellule de la Rédemption, seul avec *Baranchan*, qui lui parut un peu triste, il lui demanda ce qu'il avoit ? Que *Baranchan* lui répondit, que c'étoit parce qu'il devoit être cité par M. *Codallos*, pour dépoſer contre les Jéſuites, & particulièrement contre le Père Lopez, & un autre dont il ne ſe remettoit pas le nom, diſant du Père Lopez, que le jour de l'émeute, il étoit ſorti à la porte de ſon Couvent, où ſe trouvant environné de gens enmîtouflés ou maſqués, il les avoit portés à demander pour Miniſtre le Marquis *de la Enſenada ;* & que l'autre Jéſuite avoit mêlé dans un Sermon pluſieurs choſes qui faiſoient alluſion à la perſécution qu'il diſoit que la Compagnie ſouffroit. Qu'il ne ſavoit ce qu'il avoit à faire, parce qu'un certain Prêtre, nommé *Don Silveſtre Palomares*, l'avoit fait venir chez lui un après-dîner, & lui avoit montré une feuille d'écriture fort menue, où il y avoit pluſieurs choſes de cette eſpèce. Il ajouta qu'un autre Eccléſiaſtique Portugais étoit auſſi cité pour faire la même déclaration ; & qu'il le feroit auſſi lui-même pour s'être trouvé avec *Palomares* les jours de l'émeute ; qu'au reſte s'il pouvoit eſquiver le péril que cela pouvoit lui attirer, il ſe mettoit fort peu en peine de ce qu'ils déclareroient ou non contre les Jéſuites ; qu'un ou deux jours après cette converſation, étant à ſe promener avec *Flores* dans le cloître de la Trinité, il vit entrer un Page de M. *Codallos*, qui demanda audit *Flores* où étoit *Baranchan*, que *Flores* le lui ayant montré comme il ſortoit de la cuiſine, ce Page tira *Baranchan* à part pour lui parler ; que deux jours après *Baranchan* lui raconta dans la rue des Rapporteurs, près des grilles du Couvent, que M. *Codallos* lui avoit demandé d'où il connoiſſoit *Palomares*, à quoi il avoit répondu, que c'étoit parce qu'il diſoit la Meſſe à la Merci, & parce que c'étoit un Prêtre ennemi des Jéſuites ; mais qu'il avoit remarqué qu'on n'avoit point mis ce ce trait dans ſa déclaration, & qu'il croyoit que a converſation qui s'étoit engagée entre ce Seigneur & lui, en pouvoit être la cauſe ; que ſuiv vant la même confidence que lui avoit faite *Baranchan*, le Seigneur *Codallos* avoit fait citer *Palomares* pour dépoſer devant lui ; & que, comme il étoit homme de Lettres, il lui avoit permis de lui apporter ſa dépoſition par écrit, ce que *Palomarès* avoit fait dans une feuille de papier d'une écriture fort menue qu'il lui avoit montrée à lui-même avant que de la porter au ſieur *Codallos ;* que quelques jours après cette dernière converſation, le répondant s'étoit apperçu que *Baranchan* lui faiſoit mauvaiſe mine, & qu'il lui en dit la raiſon un jour qu'étant allé à la Cellule de la Rédemption, ſur les deux heures & demie du ſoir, pour lui parler de quelque choſe, il l'y trouva avec un Graveur. *Baranchan* ſortit avec le répondant & lui dit : » Il me paroit certain que vous avez parlé de » ce que je vous ai dit de la dépoſition faite chez » M. *Codallos :* je ſuis aſſurément bien ſurpris que » vous ayez révélé des confidences de cette na» ture. « Le répondant lui ayant ſoutenu que cela n'etoit pas vrai, & demandé qui pouvoit lui avoir dit pareilles choſes, *Baranchan* lui répondit que c'étoit M. le Fiſcal (1) *Campomanes :* » je ne ſai, » reprit le répondant, comment M. *Campomanes* » a pu vous avoir dit rien de ſemblable. Vous n'i» gnorez pas que nous ſommes brouillés pour » quelques affaires d'Académie. *Baranchan* peu ſatisfait de cette réponſe, inſiſta dans ſes reproches, même ſur un ton menaçant, & ils ſe quittèrent ainſi : Que le répondant donna auſſitôt avis de ceci à Monſeigneur le Préſident, dans la crainte qu'il avoit que *Baranchan*, ou quelqu'un de ſes amis ne le chargeaſſent de quelque calomnie, ſoit à cauſe de ce qu'il vient de dire, ſoit à l'occaſion d'une lettre qu'il ne doute point que *Baranchan*, qu'il avoit prié d'aller la retirer au Bureau de la Poſte de la Cour, ne lui ait intercepté, ou d'une autre lettre qu'il l'avoit prié, étant à la Cour avec lui, (2) de

(1) C'eſt-à-dire, le Procureur Général.

(2) C'eſt-à-dire à *Aranjuez*, où la Cour s'étoit retirée dans le tems de l'émeute de Madrid.

renfermer dans une des siennes, pour la faire remettre chez le répondant en cette Ville; ce qu'il n'a point fait: Qu'au reste, le répondant ne peut dire précisément quand ces faits là sont arrivés. Que ce fut en l'année 1751 qu'il fit connoissance avec le Marquis de *Valdeflores*, chez *Don Augustin de Montiano*, parce que l'un & l'autre sont de l'Académie; mais qu'il n'avoit jamais eu avec ce Seigneur de liaison particulière; & que quoiqu'il soit certain que ce n'étoit que par conjecture qu'il croyoit que certains écrits, sans parler de ceux qui portent le nom de ce Marquis, comme *les élemens de la civilité*, étoient de sa composition, & qu'il lui ait semblé que certaines phrases & expressions de l'écrit dont il a parlé ci-dessus, & que *Baranchan* lui avoit montré, étoient aussi de ce Seigneur; il ne sait pourtant pas qu'avant ni depuis l'émeute arrivée en cette Ville, il ait composé aucun libelle satyrique, ni d'aucune autre espèce. Mais qu'il sait que ce même Marquis alloit souvent à l'appartement où *Flores* est refugié, aussi-bien qu'un Ingénieur nommé *Hermosilla*; un Lieutenant Colonel des Invalides appellé *Rojas*; un Clerc de *Flores*, qui est de *Medina-Sidonia*, & fort ami de *Baranchan*; un nommé *Don Juan Sarmiento*, lesquels parloient fort librement ensemble des troubles de cette Capitale, dès qu'ils eurent commencé.

En ce moment, attendu qu'il étoit tard, on interrompit les réponses de *Navarro*, & on en remit la continuation au 27 Décembre.

Continuation des réponses de Navarro.

19. [*Pièce 2, fol.* 21:] Ce jour 27 Décembre, interrogé s'il savoit qui étoient les personnes présentes à la confidence que lui avoit fait *Baranchan*, quand il lui dit, qu'il s'étoit mis à la tête de quelques séditieux, pour faire sortir de la galère une femme appellée *la Belica*: qui étoit présent quand il vit *Baranchan* faire les écrits adressés au Duc de *Hijar*, au Comte d'*Altamira* & au *Corrégidor*: si *Baranchan*

étoit un sujet capable de faire de semblables écrits : enfin, s'il savoit qu'il eût remis ces écrits à quelqu'un pour les distribuer, & qui c'étoit ?

Il répondit, qu'il ne se souvenoit pas que dans l'une & l'autre rencontre, il y eût quelqu'un de présent, puisque, pour composer ces écrits, *Baranchan* sortit du cabinet où il étoit avec son Maître & la femme de cet Avocat, pour aller à la cellule de la Rédemption, dont il avoit pris la clef, ou qu'il avoit peut-être déja pardevers lui : qu'il croit qu'il ne fut qu'une demi-heure environ à faire ces écrits, où il ne mit pas d'abord ces deux mots latins, *Vicimus, expulimus* : car ce ne fut que le soir ou le lendemain qu'il dit au Répondant, qu'il les avoit trouvés dans Claudien : Quant à la capacité de *Baranchan*, qu'il n'en pouvoit dire autre chose, sinon qu'il lui avoit vu composer ledit écrit, & qu'il savoit faire de très-bons vers latins, comme le font bien voir les devises qu'il a faites pour la béatification du Père Rojas, & qui ont été affichées avec les hiérogliphes, à la porte de l'Eglise : qu'il ne savoit pas si *Baranchan* avoit distribué ou non les écrits susdits, qu'il avoit seulement une idée confuse, que s'entretenant une autre fois là-dessus avec *Baranchan*, celui-ci lui avoit dit qu'on avoit jetté un de ses écrits dans la maison d'un des trois Seigneurs à qui ils étoient adressés : qu'il ne se souvenoit point du jour ni de l'heure où *Baranchan* le lui avoit dit, ni qu'il lui eût spécifié si c'étoit lui ou un autre qui eût jetté cet écrit.

20. [*Fol*, 22, *A*.] Que quant à ce que Baranchan lui avoit avoué que c'étoit lui qui avoit fabriqué l'écrit intitulé *Contre-Edit*, il ne lui avoit fait cette confidence, que parce qu'il l'avoit bien voulu, & que c'étoit un effet de la confiance qu'il avoit en lui Répondant : que ce fut dans la même occasion qu'il lui dit aussi, qu'on avoit affiché ce placard à un coin de rue vers la Maison Professe, ou à la porte de *Guadalajara* : qu'avant cela, il n'avoit eu aucune connoissance de cet écrit : qu'il ne se ressouvient point non plus du jour où fut affichée & publiée

l'Ordonnance pour défendre les satyres & les écrits.

21. [*Fol.* 23.] Que depuis la remontrance que fit le Répondant à *Baranchan*, sur la hardiesse qu'il avoit eue de faire un écrit tel que le *Contre-Edit*, celui-ci ne lui parla plus de satyres, ni d'aucun autre écrit relatif à la sédition : qu'il ne répondit autre chose à sa remontrance, que ces paroles, *A la bonne heure* : qu'il ne sait pas combien il s'est passé de tems depuis le jour que *Baranchan* lui dit qu'il avoit fait ce placard, jusqu'à celui où il le dénonça à son Excellence ; mais qu'il est facile d'en mesurer l'intervalle, en prenant le tems depuis la publication de l'Ordonnance contre les écrits satyriques & séditieux, jusqu'à celui de la dénonciation qu'il a écrite & signée de sa main.

22. [*Fol.* 23. *A.*] Que comme il n'avoit pas fait grande attention aux fragmens de l'écrit que lui montra *Baranchan*, qui commençoit par ces mots, *Vu par le Fiscal le Placard intitulé Contre-Edit* ; il ne pouvoit en rien dire de plus particulier, se référant à ce qu'il en avoit déclaré dans sa dénonciation.

23. [*Fol.* 23, *A.* & 24.] Que s'il n'avoit pas fait cette dénonciation plutôt que le jour de sa date ; quoiqu'il eût connoissance de l'Edit contre les écrits satyriques & séditieux, & qu'il sût qui étoit l'Auteur du placard le *Contre-Edit*, comme il l'a déclaré, ce fut parce qu'il n'y avoit pas fait assez d'attention, & qu'il ne s'étoit réveillé à cet égard, que quand il avoit appris qu'on faisoit des informations sur les causes de la sédition & sur ses effets, & que *Baranchan* lui-même le lui eût confirmé, en lui parlant des informations faites par le sieur *Codallos*, & de ce qu'il y avoit déclaré : que ce fut alors qu'il se détermina à faire sa dénonciation, non dans l'intention de nuire à *Baranchan*, mais seulement pour informer Son Excellence de ce qu'il savoit, en la suppliant de ne pas permettre qu'il fût fait mention de lui, déclarant, dans toutes les suites que sa dénonciation pourroit avoir.

[*P.* 2, *fol.* 24.] En cet endroit, on lui représenta cette dénonciation: dès qu'il l'eût vue, il la reconnut, en disant que c'étoit celle-là même dont il avoit parlé dans ses présentes réponses; qu'il l'avoit faite, écrite & signée en présence de son Excellence le jour dont elle porte la date.

24. [*Même Pièce, fol.* 24. *A.*] Il ajouta, que depuis qu'il avoit fait cette dénonciation, il avoit reparu deux fois devant Son Excellence: la première fois, le lendemain ou surlendemain, pour s'expliquer avec Elle de vive voix sur un autre écrit, qui commence par ces mots, *Vu par le Fiscal*, & qui est *l'Instruction* dont il nous a parlé (1): que la seconde fois il comparut pour dire, que *Baranchan* lui avoit dit en particulier, que M. le Procureur Général *Campomanes* l'avoit averti que lui Répondant, lui avoit rapporté la déposition ou déclaration faite par ledit *Baranchan* devant M. *Codallos*: qu'il avoit aussi parlé à Son Excellence de la mauvaise humeur que *Baranchan* lui avoit témoignée, pour avoir révélé son secret à l'occasion de ladite déposition, en lui reprochant que ce ne pouvoit être qu'à cause de son indiscrétion que M. le Procureur Général en avoit eu connoissance:

25. [*Même P. fol.* 25. *A.*] Que parce qu'il connoissoit l'amitié qui étoit entre *Baranchan* & Don *Francisco Llanos*, Commis dans le Secrétariat de la Présidence; parce que *Baranchan* lui avoit fait la confidence que c'étoit par le moyen de ce *Llanos* qu'il sçavoit certaines choses qui s'y passoient; enfin parce que le Répondant avoit divulgué la déposition que *Baranchan* avoit faite devant M. *Codallos*: il avoit tout sujet

(1) On verra ci-après que cette explication de vive voix, qui avoit aussi pour but d'attribuer à *Baranchan* ou à ses amis cet autre écrit, étoit encore un effet de la malice des Jésuites.

de craindre que si *Baranchan* venoit à sçavoir la dénonciation qu'il avoit faite contre lui, il ne s'en vengeât par quelque grosse calomnie, dont son génie turbulent étoit bien capable ; que cette crainte étoit d'autant mieux fondée, que ce particulier & son maître *Flores* l'avoient déja soupçonné d'avoir fait la dénonciation du Livre de Marchiavel.

26. Interrogé, si, lorsque *Baranchan* lui dit qu'il avoit écrit en grandes lettres figurées le placard intitulé *contre-Edit*, afin que personne ne reconnût son écriture, il lui avoit montré quelque copie de ce placard écrit en caracteres semblables, ou s'il lui avoit désigné quelqu'un dont il se fût servi pour l'écrire de cette maniere ?

Il répondit, que *Baranchan* ne lui avoit montré ni l'original, ni aucune copie de ce placard ; qu'il se ressouvenoit seulement que ce particulier lui dit qu'il l'avoit composé & écrit de la façon qu'il a déclaré ; qu'il ne lui avoit point dit non plus qu'il se fût servi de personne, mais seulement qu'il avoit pour amis des Frères des Ecoles pies (1) : ce qui paroissoit faire entendre que c'étoit d'eux qu'il se servoit pour faire de semblables écrits (2).

En cet endroit on lui représenta les quatorze papiers qu'on avoit trouvé dans les poches de son habit, la nuit qu'il fut arrêté ; les ayant vus il les reconnut, & dit que c'étoit les mêmes qu'on lui avoit saisis *. L'un de ces papiers contenoit ce qui suit.

27. [*P.* 3. *N.* 2.] C. 2.& 24. *De accusationibus, inquisitionibus & denuntiationibus*. L. 27. tit. 1. part. 7. *Non son tenudos de probar aquello que dicen* (3).

(1) *Esculapios.*

(2) On verra que c'étoit-là une imposture imaginée par les Jésuites, pour perdre avec *Baranchan* les Freres des Ecoles Pies.

* *Nota.* On ne dit rien des 13 autres papiers, parce qu'ils n'ont aucun rapport à cette affaire.

(3) Les délateurs *ne sont pas tenus de prouver ce qu'ils déclarent.*

Déposition de Don Silvestre Palomares.

28. [*Pièce 2, fol. 27*]. Le Prêtre *Don Silvestre Palomares* cité pour être entendu sur ce qui résulte des réponses précédentes & pour être examiné en qualité de témoin, dit : Qu'il connoissoit depuis long-tems *Don Juan de Baranzan*, qu'on appelle communément *Baranchan*, pour avoir beaucoup fréquenté son ayeule, *Dona Francisca del Olmo*, qui demeure dans la rue des Menestriers ; que pour avoir quitté la robe de l'*Ecole pie*, il est resté fort pauvre & sans secours, le Lieutenant Colonel *Baranzan*, son pere légitime, ne lui en ayant voulu donner aucun ; que c'est ce qui l'avoit obligé d'entrer, en qualité de Clerc d'Avocat, chez *Don Joseph de Flores*, en considération duquel on lui raccommodoit & on lui blanchissoit ses hardes par charité dans la maison du Déposant ; que ce jeune homme étoit si appliqué à l'étude & si plein de bonnes connoissances, qu'il venoit, dans tous les momens qu'il avoit de libres, chez le Déposant à qui il étoit d'un bon secours, même dans des ouvrages importans, entrepris pour le service & par ordre de Sa Majesté, & pour le bien public, particuliérement en traduisant différens Livres & écrits françois, italiens & portuguais, parce qu'il sçait plusieurs langues, & que le Déposant a une bonne bibliothéque & quantité d'écrits sur divers sujets, qui l'occupent & le retiennent continuellement de jour & de nuit dans son cabinet ; que jamais il n'a vu dans ce jeune homme de méchant caractère, de mauvaises inclinations, ni de sentimens de travers ; qu'au contraire il l'a toujours trouvé fort capable, plein de prudence & de bonnes qualités, rempli de zèle & d'attachement pour Sa Majesté, sans humeur brouillonne & fâcheuse, & ne parlant jamais de bagatelles, de libelles, de satires, de pasquinades ; que jusqu'à ce moment qu'on venoit de l'interroger là-

dessus, il ne lui avoit jamais entendu dire un mot de cet infâme placard du *contre-Edit*, ni de rien de pareil, non plus que de ce qui concernoit la sédition, soit dans le tems, soit depuis, si ce n'est seulement que le jour du lundi saint, comme le Déposant l'a déclaré dans une autre déposition chez M. *Codallos*, il se trouva avec *Baranchan* qui étoit revêtu de ses habits ordinaires (1), le matin & l'après-dîner dans la grande place, sous le portail de Sainte Croix, où ils s'entretenoient ensemble de ce qui se passoit, & entendoient ce que d'autres qui étoient-là en disoient; que ce fut parce que le Déposant avoit nommé *Baranchan* dans la déclaration qu'il fit chez M. *Codallos*, qu'il fut cité pour déposer aussi; que cette citation lui fut faite dans le Couvent de la Trinité par un Page de M. *Codallos*, en présence de *Don Joseph de Flores*, du grand Sacristain, d'un Pere nommé *Rojas*, & d'un autre Avocat qu'on disoit s'appeller *Don Benito Navarro*, devant lesquels ce Page s'en alla; que c'est de *Don Joseph de Flores* & du Père *Rojas* que le Déposant a sçu ces particularités; qu'il peut dire aussi que le Laquais de M. *Codallos* doit être bien connu de *Navarro*, parce qu'il va souvent les soirs chez ledit sieur *Codallos* pour converser avec lui.

29. Que le jour du mardi saint, le Déposant allant à *Atocha* (2) dans son habit ecclésiastique, (comme il a coutume de jour & de nuit, quand l'occasion le requiert; car depuis plusieurs années il n'a ni manteau ni surtout, ni aucun autre habillement qui ne convienne à son état), il avoit vu une troupe de gens qui s'approchoient de la maison *de la Galere*, en criant qu'ils alloient en

(1) Cette circonstance est marquée par le témoin, parce que les séditieux étoient tous déguisés & enmitouflés dans de longs manteaux & des chapeaux rabattus.

(2) C'est une des principales Eglises de Madrid, appellée *Nuestra Senora*, ou *Notre-Dame d'Atocha*.

faire sortir les femmes ; ce qui fit qu'il s'arrêta au Bureau de la Loterie qui est vis-à-vis. Et quoiqu'il observât avec beaucoup d'attention tous les mouvemens de ces gens là, il n'apperçut point du tout *Baranchan* dans cette troupe, ni aux environs : il y en avoit une bonne raison ; c'est qu'étant allé voir le lendemain *Flores* au Couvent de la Trinité, il y apprit que cet Avocat & Baranchan avoient été la veille, c'est-à-dire, le mardi tout le jour occupés à expédier diverses procédures & commissions, & c'est à quoi effectivement il les trouva encore ce jour là tout occupés.

30. Qu'il n'avoit jamais connu *Don Benito Navarro*, même de nom, jusqu'à peu de jours avant sa déclaration, quand on lui apprit qu'il avoit été arrêté : car, jusqu'alors, il ne l'avoit vu que deux fois ; la premiere, avec un homme, qu'on disoit être un Ingénieur, & une autre personne qui étoit de *Seville*. La seconde fois, il le rencontra dans la chambre de *Flores*, avec *Dona Maria Josepha*, femme de cet Avocat, parlant ensemble d'affaires de leur métier, & de l'expédition de quelques procès. Dans la conversation, comme on vint à parler du Bienheureux *Rojas*, le déposant dit qu'il n'auroit point une joie complette jusqu'à ce qu'on eût béatifié *Saint Palafox*. A cette parole ledit *Navarro* fit éclater un grand mécontentement, disant avec chaleur, que donner à *Palafox* la qualification de *Saint*, c'étoit une proposition à dénoncer. Pour l'appaiser, le déposant lui donna une explication satisfaisante de sa proposition. Mais dans ces deux occasions, le Déposant le laissa dans les transports de son humeur ; parce qu'il lui parut que c'étoit un génie plein de lui-même, grandement prévenu pour ses idées, qui se piquoit de tout sçavoir, en ne cessant de répéter qu'il étoit Académicien ; mais, à ce qu'il sembla au Déclarant, sa phisionomie & ses façons d'agir ne démentoient que trop les grandes qualités intérieures qu'il s'attribuoit. Outre ce qui s'étoit passé entre

lui & le Déposant, ce qui contribua à lui en donner une fort petite idée, ce sont les disputes continuelles que ce fameux Docteur a eues avec *Baranchan*, qui pense comme le Déposant, sur *Saint Palafox* (1) &, sur la doctrine des Thomistes. Ces deux points déplaisoient infiniment à *Navarro*, à cause de l'extrême opposition du parti *Suariste*, (2) & de son aveugle attachement pour les Peres de la Compagnie. Ce qui suffit pour faire voir qu'il n'y a jamais eu de liaison d'amitié, de confiance & d'intimité entre lui & *Baranchan*, & que jamais celui-ci n'a pû faire confidence d'aucun secret à *Navarro*, ni lui demander aide ou conseil pour lui ou pour aucun autre; comme aussi il a trop de prudence & de délicatesse de conscience pour avoir composé ou distribué des écrits satyriques contre les Ordonnances & les Edits. On peut même dire qu'il ne pourroit en avoir le tems, puisque toujours appliqué à servir son Maître, même pour ses repas, pour ses emplettes nécessaires, & jusqu'à s'occuper des affaires du ménage, comme aussi à lui aider à expédier ses procès & ses affaires, à écrire ses lettres, à faire ses commissions, & à courir de tous côtés pour suppléer à la retraite forcée de son Maître, il ne peut lui rester assez de tems libre, pour avoir la fantaisie de se livrer à des amusemens si frivoles & si pernicieux.

31. Que M. Codallos ayant envoyé son Page au Déposant pour venir faire devant lui sa déclaration, il comparut devant ce Seigneur, à qui, après la lecture que ce Magistrat lui fit d'un certain ordre supérieur, il dit tout ce qu'il se rappelloit. M. *Codallos* voyant que sa déclaration étoit longue, & contenoit plusieurs

(1) Il est fort remarquable que depuis que les Jésuites, tout puissans dans la Cour du Pape, sont venus à bout d'empêcher la béatification du vénérable Palafox, sollicitée par le Roi & par l'Eglise d'Espagne, les Espagnols éclairés ne se font aucun scrupule de donner à ce grand Evêque le nom de Saint.

(2) On appelle en Espagne *Suaristes*, à cause de *Suarez*, ceux qu'on appelle en France *Molinistes*.

lieurs points importans, lui ordonna de la mettre par écrit, afin d'y donner plus d'ordre, & qu'on pût la rédiger *calamo currente*. Quand le Déposant l'eut faite ainsi, M. *Codallos* en fit la lecture ; & en présence du Déposant, il la dicta à Payo, son Secrétaire. Après qu'elle eut été copiée, on déchira sa minute. Il n'y avoit là aucune autre personne, & cette déposition n'a pu être communiquée à qui que ce soit : il n'entra même personne, si ce n'est le Page qui est de la connoissance de *Navarro* & son ami, qui put entendre quelque chose, faire ensemble, sur cela, telle conjecture qu'ils ont voulu, tant sur cette déposition que sur celles des autres personnes qui venoient pour déposer, & qu'il voyoit entrer & sortir : ce qui est d'autant plus vraisemblable, que cette procédure n'étoit nullement secrette. Mais le Déposant n'est jamais entré là-dessus en aucune explication avec *Baranchan*, ni avec aucun autre ; jamais *Baranchan* ne lui a fait aucune question à ce sujet. Il n'ignore pas néanmoins que *Baranchan* & d'autres ont été mandés aussi pour déposer, & que c'étoit pour les connoître & les faire venir que ce Magistrat fit écrire par le Déposant, sur une feuille de papier à part, les noms de ces témoins, & les rues où ils demeuroient ; le Déposant avertit même qu'on trouveroit *Baranchan* sur les dix heures du matin dans ledit Couvent, parce que c'étoit l'heure où son Maître alloit à la Messe, & lui donnoit ses ordres, soit pour lui préparer son diner, soit pour d'autres commissions.

Déposition de Don Joseph de Flores.

32. [*Pièce 2, fol. 35.*] *Don Joseph de Flores*, cité aussi pour faire sa déclaration en qualité de témoin, dit qu'il y avoit plus d'un an qu'il connoissoit, & de vûe, & par fréquentation & liaison particulière, *Don Juan de Baranchan* ; que quand il commença à le connoître il demeuroit chez *Don Francisco Rigosa*, Administrateur de l'Hôtel Royal de la Géographie ; qu'il lui aidoit à dresser ses comptes ;

mais que *Baranchan* s'étant brouillé avec Rigosa, il vit le premier diverses fois, & reconnut en lui des talens particuliers ; il lui proposa de venir chez lui, offrant de lui donner la nourriture & l'entretien, comme réellement il le fait depuis un an : que par-là il avoit sçu que ce jeune homme étoit fils d'un Lieutenant Colonel demeurant en France ; que son père ne lui fournissoit ni pension, ni aucune sorte de secours, soit parce qu'il a contracté un second mariage, soit parce que ce Particulier, son fils, s'étant fait Frère des Ecoles Pies en étoit sorti avant que d'avoir fait profession ; qu'il s'étoit procuré le nécessaire par un emploi de Notaire au Tribunal de la Nonciature, par son travail & ses lumières, sçachant très-bien ses Humanités : que le desir de se rendre habile dans le Droit, lui avoit fait accepter la proposition que le Déposant lui faisoit, de travailler auprès de lui, en lui promettant de l'instruire ; que ce motif l'avoit toujours tenu fort assidu auprès du Déposant jusqu'à ce jour, avec cette différence néanmoins que depuis que le Déposant s'est retiré dans le Couvent où il demeure actuellement, ayant été obligé de quitter sa maison, le jeune homme s'est logé où il a pu ; qu'il avoit ses hardes dans le Couvent & dans l'appartement qu'occupe le Déposant, mais non pas ses livres & ses papiers ; que depuis le séjour du Déposant dans ce Couvent, il le servoit comme son Clerc, lui apportant son dîner, son souper & son déjeûner ; que par ce moyen il sçavoit que les amis de *Baranchan* sont *Don Ignace de Bernasconi*, qui a été son camarade de Collège, *Don Isidore del Olmo*, *Don Francisco Llanos*, Commis au Secrétariat de M. le Comte *d'Aranda* ; que ledit *Llanos* est son ami le plus intime ; qu'il pouvoit dire aussi que ledit *Baranchan* a vu & connoit tous ceux qui viennent voir le Déposant, sçavoir, *Don Lorenzo Dieguez*, Secrétaire de l'Académie de l'Histoire, *Don Martin de Ulloa*, Alcalde ou Prevôt Criminel de *Seville*, *Don Thomas de Ace-*

vedo, Fiscal ou Procureur du Roi de *Charcas*, *Don Gabriel de Rojas*, Lieutenant Colonel, Aggrégé à l'Etat Major de *Valladolid*, Don *Alonso Acevedo*, Membre de ladite Académie, *Don Benito Navarro*, *Don Louis Joseph Velazquez*, *Don Antonio Hilarion Dominguez*, le sieur *Don Joseph-Manuel Dominguez*, outre des gens d'affaires & des Procureurs, avec lesquels *Baranchan* a été obligé d'avoir commerce, à cause des commissions & affaires particulieres du Déposant, soit pour des sujets d'Académie, soit pour des procès; mais que jamais le Déposant n'a vu ni remarqué que *Baranchan* ait eu une confiance particuliere en aucun d'eux; qu'il ne s'est jamais non plus apperçu que *Baranchan* eût en sa possession aucuns papiers satyriques & séditieux, surtout depuis l'Ordonnance qui a prohibé ces sortes d'Ecrits. Car le Déposant ayant sçu cette Ordonnance, lui recommanda de déchirer tous ceux qu'il pouvoit avoir de cette nature, à quoi il répondit qu'il n'avoit aucun sujet de craindre qu'on lui trouvât de semblables papiers.

33. [*P. 2. F. 37. A*]. Qu'il ne se ressouvenoit pas bien précisément d'avoir entendu dire qu'on eût fait un placard intitulé: *Contre-Edit*; mais qu'il étoit bien convaincu que *Baranchan* n'en étoit pas l'auteur, parce que dans le temps où l'on dit que cet Ecrit a été fait, le Déposant le tenoit fort occupé à lui apporter ses repas à différentes heures, & à d'autres commissions, comme à faire des écritures dans sa chambre, à traduire le Traité de l'Opinion & les Tables Chronologiques de *Langlet*; qu'il lui semble que dans le temps qu'on publia l'Ordonnance contre les Ecrits satyriques, *Baranchan* travailloit à la composition d'une Neuvaine au Bienheureux *Rojas*, qu'il mit sous le nom de *Don Antonio-Xavier*, noms de baptême du même *Baranchan*; qu'il n'a ni sçu, ni soupçonné qu'aucune des personnes qu'il a nommé ci-dessus, eût eu part à la composition de ces Ecrits, & que jamais il n'en avoit entendu parler à *Baranchan*: Qu'il

n'a eu qu'une correspondance très-réservée avec tous ceux qui venoient au logis du Déposant ; que celui-ci a seulement remarqué que, l'ayant chargé d'aller chez *Navarro* pour le prier de lui envoyer 2000 reaux (1), en pur prêt, & non pour payement du travail qu'il avoit fait dans un procès qu'avoit eu ledit *Navarro* ; & celui-ci s'en étant excusé sur ce qu'il n'avoit pas cette somme, *Baranchan* en eut de la peine, & s'aliéna un peu de *Navarro* : ce qui obligea le Déposant de lui dire, que ce n'étoit pas une raison de se brouiller avec lui, parce qu'il n'avoit pas pu lui faire ce plaisir : quoiqu'il eût lieu de croire que *Navarro* avoit bien cette somme, ayant été aux Indes : Que tout cela se passa à la fin d'Août, ou au commencement de Sept. 1766 : Qu'outre les autres personnes que le Déposant a nommées, *Baranchan* recevoit aussi les visites d'un Prêtre appellé *Don Silvestre*, à qui le Déposant a témoigné sa reconnoissance de l'amitié qu'il avoit pour *Baranchan*, de ce qu'il le logeoit, lui donnoit du secours, & faisoit prendre soin de ses hardes chez lui : Que par la liaison que le Déposant avoit avec *Navarro*, il l'a reconnu pour un homme d'un foible jugement ; opinion dans laquelle il a été confirmé par toutes les conversations que *Navarro* a eues avec les autres personnes qui venoient chez lui. Il l'a quelquefois témoigné en particulier à *Baranchan*, lui disant qu'il regardoit *Navarro*, par son peu de jugement, comme un enfant de huit ans. *Baranchan*, qui en avoit la même idée, lui dit qu'il ne pouvoit se persuader que *Navarro* fût l'Auteur de l'Ouvrage intitulé : *Physica Electrica* ; à quoi le Déposant répondit qu'il n'en pensoit pas comme lui, puisque cet Ouvrage est imprimé sous le nom de *Navarro*.

34. Pendant que se faisoient les procédures dont on vient de faire le précis, *Baranchan* fut arrêté & mis en prison : & y subit interrogatoire.

(1) Le Real commun, ou *Real de Plata*, vaut 7 sols 6 den. de notre monnoie, il en faut huit pour faire un écu.

Interrogatoire de Baranchan.

35. [*Piece 2, fol. 40.*] Il répondit, qu'il s'appelloit *Don Juan de Baranchan*, natif de cette Capitale; qu'il étoit garçon, âgé de 25 ans, & Clerc de *Don Joseph-Michel de Flores*; qu'il fut arrêté le 26 Décembre 1766, & qu'il en ignoroit la cause:

36. [*Fol. 40, A.*] Qu'il y avoit plus de neuf ans qu'il demeuroit dans cette Capitale, sans autre interruption que d'un mois au plus, pendant lequel il étoit allé, à la fin de 1765, & au commencement de 1766, à *Tudela*, pour y acheter une Bibliotheque pour son Maître; qu'auparavant il avoit été Novice dans l'Ordre des Écoles Pies, en sa maison de *Lavapies*; que quelques mois après il avoit logé, par ordre de son pere, chez *Don Bernardo Del Campo*, Officier de la Secretairerie d'Etat; qu'il alla ensuite demeurer chez *Dona Francisca Deel Olmo*, belle-mere de son pere, & delà à l'Hôtel Royal de la Géographie, dont étoit Administrateur le neveu cadet de *Don Joseph de Flores*; qu'il avoit étudié les Loix avec lui, jusqu'au mois de Novembre 1765, que son Maître lui offrit sa maison & sa table, où il a été défrayé jusqu'à présent; que c'est ainsi qu'il a passé ces neuf années depuis qu'il est sorti de Religion, où il a demeuré deux années entieres, suivant cet Institut, sans avoir fait profession.

37. [*Fol. 41, A.*] Qu'il avoit tenu chez son Maître ses habits & ses hardes, & que dans le logement de la Rédemption, il avoit une liasse de papiers, où étoient les Mémoires & Pieces concernant les procès qu'il suivoit, comme fondé de Procuration des Prieur & Chapitre de Saint Isidore de la Ville de Leon; que dans la Chambre où demeure la femme de son Maître, il avoit une cassette dans laquelle il y avoit quelques Livres, dont il ne se rappelle pas les Titres, n'y ayant rien de particulier; que ni chez cette Dame, ni ailleurs,

il n'avoit point d'autres Livres & Papiers que ceux dont il venoit de parler.

38. [*Fol. 42.*] Qu'il n'avoit vu venir chez son Maître que les personnes que celui-ci a nommées ; que pour lui, il connoissoit plus particulièrement *Don Silvestre Palomares*, ayant fait connoissance avec lui, lorsqu'il étoit chez *Donna Francisca Del Olmo*, chez qui cet Ecclésiastique venoit quelquefois ; qu'outre cela les bons Livres qu'il posséde, & les offres qu'il lui a fait de sa maison, l'avoient porté à le fréquenter beaucoup, & à entretenir son amitié ; que pour les mêmes raisons venoient aussi au logis *Don Francisco Llanos*, qui avoit été son camarade d'école, & *Don Ignace Bernasconi*, avec lequel il a étudié au College de *Getafe* ; que ses entretiens ordinaires étoient sur l'Histoire quand le *Marquis de Valdeflores* & *Don Alonso Acevedo*, venoient à la maison, ainsi que *Palomares* ; que quant aux autres qu'il a nommés, comme *Bernasconi* & *Llanos*, leurs conversations ne rouloient que sur des choses indifférentes ; qu'ils venoient le chercher pour l'emmener à la promenade avec eux ; mais qu'il n'avoit fait aux uns ni aux autres aucune confidence particuliere, ni eu avec eux aucun entretien sur des choses de conséquence.

39. [*Fol. 43. A.*] Que le soir du Dimanche des Rameaux, auquel commença la sédition, sur les huit heures, après avoir desservi le souper de son Maître, & lui avoir tenu compagnie, il sortit dans son déshabillé, & se trouva au milieu d'un grand nombre de gens qui couroient en foule, jettant de grands cris, & forçant tous ceux qu'ils rencontroient de les suivre, même par de grandes menaces ; qu'il ne put éviter d'aller avec eux, d'autant que dans ce moment le Portier du Couvent ferma la porte, & qu'il n'y avoit pas d'autre moyen de se mettre à couvert des coups de pierre qu'on lui jettoit. Il fut donc forcé d'accompagner cette troupe jusqu'à la place des Capucins *de la Patience*, où s'étoient refugiés quelques gens de

l'Hôtel du Marquis de *Squillace* tous blessés : le Répondant se mit à en secourir quelques-uns, avec deux Religieux qui lui parurent être des Recollets ; & quand on les eut mis en sûreté, il alla au secours d'un autre blessé que quatre hommes portoient, & l'accompagna jusqu'à l'Hôpital *du Bon-Succès*, l'assistant autant qu'il pût pendant tout le chemin, après lui avoir bandé avec son mouchoir les blessures qu'il avoit à la tête ; que quand il se fut ainsi dégagé de toute cette bagarre, il se retira chez lui, & demeura dans sa chambre jusqu'au lendemain lundi, qu'il alla porter le chocolat à son Maître sur les six heures du matin ; qu'il resta avec lui jusqu'après dix heures, & sortit alors avec Don *Christoval Gonzalez*, Capitaine de la Felouque *le Regard*, de Cadiz ; qu'ils s'en allerent ensemble à la grande place, & à celle du quartier appellé *la Ville*, où ils se trouverent dans le tems qu'on assommoit à coups de pierres un soldat des Gardes Walonnes, sans que leurs cris, ni ceux d'autres personnes qui y étoient, pussent empêcher cette barbarie ; ce qui leur fit tant d'horreur, qu'ils se retirerent à Sainte-Croix sur les onze du matin. De-là le Répondant revint au Couvent des Trinitaires, où il resta avec son Maître & d'autres Religieux, jusqu'après les trois heures du soir, qu'il eut encore la curiosité d'aller à la grande Place, où il vit, avec *Palomares* qu'il trouva auprès de Sainte-Croix, toute la suite de l'émeute, & pendant ce tems, il alloit & venoit jusqu'à la rue Neuve, pour rapporter ce qu'il avoit vû & entendu ; ce qui ne consistoit que dans des cris de *Vive le Roi*, & des clameurs injurieuses contre le Marquis de *Squillace*, & contre ce que ces mutins appelloient le mauvais Gouvernement, sans qu'il y eût moyen d'appaiser ce tumulte, malgré toute la peine que se donnerent des personnes pleines de zèle : il y eut même un Prédicateur Jésuite, qui étant monté sur un tas de bois, crioit pour les prier d'entendre seulement un mot ;

ce qu'il n'auroit pas obtenu, si le Répondant ne les avoit exhorté à entendre du moins le mot que ce Pere leur vouloit dire, sauf à eux, s'ils vouloient, de ne lui en pas laisser dire davantage; mais le pauvre Prédicateur eut à peine commencé à parler qu'on l'interrompit, & qu'il fut obligé de descendre, tout essoufflé, de dessus son tas de bois; & aussitôt il fut abordé dans la rue de Tolède, par l'Officier qui commandoit le Piquet Espagnol, & par le Répondant, qui le prierent de faire sçavoir au Roi, que tout le desir de cette populace étoit de voir Sa Majesté. Quand cela fut parvenu au Palais Royal, & qu'on en sçut la nouvelle dans la Place, le Répondant s'en alla avec *Don Sylvestre*, & se retira à la Trinité, où il resta jusqu'au souper de son Maître. Sur les huit heures il se rendit chez *Palomares*, où il se tint jusqu'au lendemain matin. Pour reprendre son exercice, de porter le chocolat à son Maître, il revint à la Trinité, où il resta toute la matinée à écrire, ou à être à sa porte avec son Maître & quelques Religieux, & avec un Moine d'Andalousie, qui étoit venu pour conférer sur un procès, dans lequel *Flores* occupoit pour lui. Le Répondant apporta le dîner de *Flores* à l'ordinaire, & ne sortit point de toute la soirée; parce que, comme on vit que la fureur des séditieux s'étoit rallumée, on lui conseilla de ne point sortir de la Galerie où il étoit avec *Flores*, & quelques autres personnes qui s'y étoient rendues: son Maître ne voulut pas même qu'il sortît pour aller chercher son souper, & le Pere Ministre fut du même avis.

40. [*Fol. 46. A.*] Que quant au mouchoir dont le Déclarant, comme il l'a dit, s'étoit servi pour bander les blessures qu'avoit à la tête l'homme qu'il avoit accompagné jusqu'au *Bon-Succès*, il l'avoit montré à tous ceux qu'il avoit rencontrés, leur racontant son aventure, de la même maniere qu'il l'avoit déclaré ci-dessus: Que *Don Benito Navarra* fut du nombre, mais qu'il est faux qu'il

lui eût dit avoir mis le feu à la maison de *Don Julien de Hermosilla*, ni avoir pris volontairement aucune part au tumulte ; jamais de semblables méchancetés n'étant entrées dans la tête du Répondant : qu'il pouvoit seulement être arrivé que *Navarro* lui eût entendu parler de ce Magistrat, à l'occasion du procès que son Maître avoit eu au Conseil des Finances, où effectivement *Don Julien Hermosilla* avoit été l'un de ses Juges.

41. [*Fol. 47. A.*] Interrogé s'il avoit dit à *Navarro*, qu'il avoit aidé à faire sortir une femme de la Maison de Force de Saint Nicolas, en la prenant par le bras, & lui disant : C'est pour vous que tout cela se fait ; il répondit qu'il ne croyoit pas lui avoir jamais rien dit de pareil, & que le contraire se vérifieroit par les conversations auxquelles *Navarro* avoit assisté dans la Maison de la Trinité, où lui Répondant étoit certainement le soir que cette Maison fut forcée ; & quant au nom de cette femme, qu'il pouvoit seulement dire que parlant ensemble de cette violence, *Navarro* qui la blâmoit, lui dit par maniere de réflexion naturelle, qui étoit comme une suite des éloges qu'ils avoient fait en plusieurs occasions de la beauté d'une femme de Cadix, appellée *La Belica* : Encore si notre *Belica* étoit sortie ! A quoi le Répondant lui répliqua : Eh mais, si toutes sont sorties, il faut bien qu'elle le soit aussi, & qu'elle ait recouvré sa liberté. Au reste, le Répondant ne la connoissoit que parce qu'il l'avoit vûe plusieurs fois chez *Dona Manuelle Beson*, & que ladite Belica étant sortie de son bas état, il n'avoit plus eu de liaison ni de communication avec elle : Enfin qu'il étoit faux que pour faire croire à *Navarro*, qu'il avoit pris par le bras la *Belica* pour la tirer de Saint Nicolas, il lui eût assuré qu'il avoit dit au Chef d'une autre troupe de séditieux, de venir l'aider à faire sortir les femmes de la Maison de Force, & que pour l'y engager, il lui eût donné une piéce de vingt-quatre sols, en lui disant ; crie bien haut : où allons-

nous? & que je lui répondrois: à la Galere, afin que par ce moyen tous vinssent avec nous.

En cet endroit, parce qu'il étoit tard, on suspendit la déclaration de *Baranchan*, & on la remit au lendemain.

Continuation de l'interrogatoire de Baranchan.

42. [*Pièce 2. Fol. 51.*] Interrogé, s'il sçavoit qu'on eût adressé au Duc *de Hijar*, au Comte *d'Altamira*, & au *Corrégidor* de Madrid, des lettres ou écrits pour les détourner d'aller se jetter aux pieds du Roi, afin de lui demander pardon de l'émeute arrivée en cette Ville; il répondit, qu'il n'avoit eu connoissance de ces écrits, que par la prière que lui fit Navarro, de lui en faire autant de copies qu'il pourroit, & qu'à cet effet il lui avoit laissé un papier qui contenoit trois lettres pour ces Seigneurs. Que le sujet étoit de les détourner d'aller demander pardon à Sa Majesté; que quoiqu'il y eût bien du verbiage, tout se réduisoit à ce point; que le Répondant, après en avoir fait deux copies, les remit à *Navarro*, & que lui même en garda une pour lui, mais qu'il l'avoit déchirée, lorsqu'on eût publié l'Edit qui défend de faire & de garder de semblables écrits.

43. [*Fol. 51. A.*] Interrogé, s'il avoit montré les susdites lettres à *Navarro*, & s'il les avoit écrites en sa présence, comme en étant l'Auteur, & en y mettant certaines phrases particulières, & notamment ces paroles latines: *Vicimus, Expulimus*, ce qui avoit donné lieu à *Navarro* de croire qu'elles étoient du Marquis de *Valdeflores*; & s'il lui avoit répondu qu'il avoit fallu faire ainsi pour déguiser le style?

Il dit que ces lettres n'étoient ni de sa composition, ni de celle d'aucune autre personne de sa connoissance, & qu'il étoit certain que quand *Navarro* lui donna ces lettres à copier, les deux mots latins s'y trouvoient; que *Navarro* en les lui donnant, lui avoit témoigné ce soupçon, qu'elles pouvoient bien être du Marquis de *Valdeflores*, en se fondant sur le style; à quoi le Répondant lui dit, qu'attendu le mot de *frivolité* qui se trouvoit dans ces lettres, & qui quelquefois étoit répété dans les écrits du Marquis de *Valdeflores*, son style pourroit ressembler à celui desdites lettres, & faire naître l'idée qu'elles pouvoient bien être l'ouvrage de ce Marquis; qu'il étoit pourtant vrai que dans les conversations de ce Marquis chez *Flores*, il ne lui avoit rien entendu dire qui eût rapport à des écrits satyriques. Mais quant à ce qu'avoit dit *Navarro*, que le Répondant s'étoit servi de ces phrases & des deux mots latins, pour déguiser son style, rien n'étoit plus faux, & que quoiqu'il ne connoisse point le style de *Navarro*, il étoit cependant assez fondé à soupçonner que ce pouvoit bien être là un de ses tours; d'autant plus que *Navarro* lui-même lui avoit déclaré dans des conversations particulieres, qu'il avoit souvent fait usage de semblables artifices à l'occasion d'écrits & de lettres de représentation adressées à Sa Majesté, notamment à l'égard du Marquis de *Valdelirios*, quand ils étoient ensemble au Paraguai; qu'il avoit alors des moyens, dont il n'a point donné de connoissance au Répondant, pour décacheter adroitement les lettres & dépêches de ce Seigneur, afin de venir à bout par-là de rompre ses mesures contre les Péres Jésuites, & contre Don NN. leur Protecteur: Qu'il avoit encore le souvenir très-présent que *Navarro* lui avoit fait voir, mais fort précipitamment, une lettre de fort bon style, qu'il avoit écrite à Don NN. lors de son départ de *Bucareli*, & qu'il y parloit fort en détail contre le Marquis *de Valdelirios*. En lui lisant cette lettre, il s'applaudissoit beaucoup de la beauté de son style, & il lui dit qu'il avoit ajouté depuis beaucoup d'autres réflexions. Au reste, le Répondant ajouta qu'il ne sçavoit point si le Marquis de *Valdeflores* a jamais fait aucuns écrits satyriques, & qu'il n'avoit qu'une simple présomption qu'il pourroit être l'Auteur des lettres dont on lui avoit parlé dans le précédent interrogat.

44. [*Pièce* 2, *fol.* 53, *A*.] Interrogé sur l'écrit ou placard intitulé, *Contre-Edit*: il répondit qu'il n'avoit jamais entendu parler de cet écrit, & qu'il ne l'avoit jamais vu; qu'il ignoroit qui en étoit l'auteur; que tout ce que *Navarro* ou tout autre peut avoir dit à cet égard contre lui, est absolument faux; puisque jamais il n'a fait, écrit ou copié pour lui un tel placard.

45. Que quoiqu'il soit vrai qu'il connoît *Don Isidore Del Olmo*, & *Don Francisco Llanos*, comme il l'a déja declaré, il ne s'est jamais servi d'eux pour répandre des écrits : par la raison 1°. qu'il n'en a jamais fait; 2°. que quand il auroit commis une telle faute, il n'auroit pas eu assez peu de prudence pour se confier à des gens qui ne lui paroissoient nullement propres à un semblable ministère.

Déposition de Don Isidore Del Olmo.

46. [*Pièce* 2, *fol.* 74.] *Don Isidore Del Olmo*, Témoin cité, convint qu'il avoit fait connoissance avec *Baranchan*, de la manière & pour les raisons qu'il avoit dit : il déclara aussi qu'il n'avoit jamais vu en lui de goût pour lire des écrits satyriques, tels que ceux, sur-tout, qui ont été publiés à l'occasion de l'émeute arrivée en cette Capitale; jusques-là que dans le tems même qu'ils se répandoient avec assez de liberté, il ne vouloit ni les lire, ni les entendre lire, parce qu'il regardoit cela comme un tems perdu : que jamais il ne lui avoit fait la confidence qu'il eût composé aucun écrit satyrique; qu'il ne pouvoit même se persuader qu'il en ait jamais fait, soit parce qu'il n'a point l'esprit tourné à pareilles choses, soit parce qu'il croit fermement que si *Baranchan* en eût fait, il lui en au-

voit dit quelque chose dans leurs conversations, & qu'il le lui auroit même montré, parce que c'étoit leur usage de se montrer réciproquement ce qu'ils faisoient ; que d'ailleurs il l'avoit toujours vu désaprouver toute sorte d'écrits anonimes, disant que pareils auteurs perdoient toujours beaucoup, si leurs ouvrages étoient bons : Que quand on lut, dans la maison du Déposant & en présence de *Baranchan*, l'Ordonnance qui défend de faire & de garder des écrits satyriques, *Baranchan* s'expliqua là-dessus, & témoigna beaucoup de joie de cette Ordonnance, par la raison que partout où il alloit il n'entendoit parler d'autre chose que de ces sortes d'écrits.

Déposition de Don Francisco de Llanos.

47. [*Pièce 2, fol. 79.*] *Don Francisco de Llanos*, cité & examiné sur cette cause, convint qu'il connoissoit *Baranchan*, & donna de cette connoissance les mêmes raisons que *Baranchan* lui-même : il ajouta que *Baranchan* étoit sorti de l'Ecole Pie sans avoir fait profession ; qu'ensuite il fut employé pendant trois ou quatre ans à traduire des Bulles & des Brefs ; qu'il se fit créer Notaire, qu'il a passé quelque tems dans le Cabinet de Géographie ; que lui Déposant sçavoit qu'il étoit fort habile dans les langues latine, françoise & italienne ; qu'il aimoit fort l'étude & le travail ; que le Déposant ne pouvoit croire qu'il eût jamais fait ni répandu aucuns écrits satyriques, & qu'il ne lui en avoit jamais fait la confidence : qu'au contraire *Baranchan* l'avoit fort exhorté lui-même à ne jamais avoir, ni même lire ceux qui se publioient à l'occasion de l'émeute de cette Capitale ; que *Flores* lui avoit donné les mêmes avis. Que c'est à l'occasion de l'amitié qui les lie ensemble, qu'il avoit vu plusieurs fois dans le logement de *Flores* le nommé *Navarro*, & qu'il avoit remarqué que *Baranchan* & lui étoient toujours à se pointiller, & se lâchoient souvent l'un

à l'autre des propos piquans ; que *Baranchan* ne peut donc lui avoir fait aucune confidence qu'il ait pu déclarer : Que lui Dépoſant n'avoit ni donné ni montré aucun écrit à *Baranchan*, qui eût rapport à des paſquinades, & encore moins celui qui commence ainſi : *vu par le Fiſcal ;* car il n'en a jamais eu de cette eſpèce, & il n'en eſt aucun qui ſoit venu à ſa connoiſſance : que le Lundi Saint de l'année 1766, auquel éclata l'émeute, allant ſeul le matin, entre dix & onze heures, dans la grande place, il avoit vu *Baranchan* avec un Eccléſiaſtique qu'il connoiſſoit de vue pour avoir entendu ſa meſſe, & qu'il entendit nommer *Don Silveſtre Palomares* ; que ce Prêtre les ayant quitté, le Dépoſant avec *Baranchan* paſſèrent à Sainte-Croix, d'où ils s'en allèrent à la Trinité ; qu'après y être reſtés quelque tems avec *Flores*, ils allèrent enſemble à ſa maiſon dans la rue des Rapporteurs, où *Baranchan* prépara la corbeille pour porter le dîner à ſon maître, à quoi le Dépoſant lui aida ; qu'enſuite ils s'en allèrent chacun où ils avoient affaire. Que l'après-dîner, le Dépoſant vit encore *Baranchan* vêtu de ſes habits, avec le même *Palomares*, dans la grande Place, où il lui parla chemin faiſant ; que le Mardi ſuivant, le Dépoſant alla voir *Flores* ſur les neuf heures & demie du matin, & qu'ayant heurté à la porte, *Flores* lui-même lui ouvrit ; qu'il vit *Baranchan* qui écrivoit, & qui lui dit que ce jour-là il étoit véritablement *Frère*, faiſant alluſion à ce qu'il s'étoit renfermé : Que le ſoir il retourna chez *Flores* entre trois & quatre, & qu'il les trouva encore renfermés : Que *Flores* dit au Dépoſant, que quoique *Baranchan* fût fort judicieux, cependant il l'avoit tenu toute la journée comme à ſa ceinture, afin de l'empêcher de ſortir, parce qu'il falloit prendre garde aux jeunes gens, & les préſerver de tout danger : Que deux ou trois jours après étant retourné voir *Flores*, il lui dit avec quel ſoin il avoit tenu *Baranchan* à l'attache pendant les principaux jours du tumulte : Que quoiqu'il connût fort peu *Navarro* & n'eût aucune liaison avec lui, il avoit remarqué que, quand il le rencontroit, il lui demandoit avec empressement ce qu'il y avoit de nouveau, s'imaginant que le Déposant savoit ce qu'il y avoit de plus secret (1); mais que le voyant si impertinent & si importun, il lui avoit déclaré, d'un air froid & sérieux, qu'il ne savoit point de nouvelles, & que quand il sauroit quelque chose, il n'étoit pas assez jeune pour manquer à son devoir; c'est ce qu'il lui dit dans la Place de l'Ange, lorsque l'émeute fut passée, & que l'on répandoit encore divers écrits satyriques.

Suite de l'Interrogatoire de Baranchan.

48. [*Pièce 2. fol. 54. A.*] Interrogé, s'il avoit eu en sa possession quelques fragmens d'un écrit qui commence pas ces paroles : *Vu par le Fiscal un écrit appellé Contre-Edit*, qui contient des instructions pour les Confesseurs des Rois, & des avis sur la prohibition des écrits satyriques; & si *Navarro* ne l'avoit pas exhorté à ne se point mêler de ces sortes d'écrits, & à prendre bien garde où il les mettoit; s'il ne lui avoit pas indiqué une natte sous laquelle il les cachoit?

Il répondit qu'il n'avoit jamais vu ni eu en sa possession lesdits écrits, & qu'il ne comprenoit pas comment on avoit pu faire contre lui de semblables délations, puisqu'il n'avoit vu, avant la publication de l'Ordonnance contre les écrits satyriques, que les trois lettres dont il a déja parlé, & quelques chansonnettes & petits écrits semblables qu'on avoit répandus dans le tems de l'émeute, & qu'il déchira aussitôt qu'il entendit la publication de l'Ordonnance; soutenant au surplus, que tout ce qui est contenu dans le reste de l'interrogat est absolument faux.

(1) Il faut se souvenir que Llanos étoit commis au Secrétariat de la Présidence.

49. [*fol. 55. A.*] Qu'il est certain que pour une affaire de son maître, il partit de cette Ville le jour de saint Isidore de l'année 1766, pour aller à la Cour, qui étoit à Aranjuez, où il resta douze ou treize jours; qu'il y vit *Don Benoît Navarro*, qui y étoit aussi allé, & qu'ils y furent souvent ensemble, parce que *Navarro* vint lui offrir de l'aider dans son affaire; que lui répondant y logea dans la maison de *Don Ignace Bernasconi* (1), qui, depuis ce voyage, lui a dit, qu'on avoit saisi pour l'Inquisition un livre qu'il avoit chez lui, lequel appartenoit à l'Ambassadeur d'Angleterre, & qu'il soupçonnoit *Navarro* de l'avoir dénoncé, ce que le répondant tâcha de lui ôter de l'esprit, parce qu'alors il ne lui étoit pas suspect, quoique pourtant il ne regardât pas la chose comme tout-à-fait hors de vraisemblance; ce qui ne s'est que trop confirmé depuis; & ce qui arrive actuellement ne lui laisse plus lieu d'en douter, voyant par le présent interrogatoire tant de choses & de délations absolument fausses pour le perdre lui Répondant.

50. [*Pièce 2. fol. 53. A.*] Qu'il est très-faux que *Don Joseph de Flores* & lui, ayent fait mauvaise mine à *Navarro*; soit pour les choses dont il a été fait mention dans les interrogats précédens, soit pour avoir refusé de prêter à *Flores* la somme qu'il lui avoit fait demander par le Répondant; qu'il étoit vrai que *Navarro* fut, après ce refus, quinze jours sans venir à la Trinité; mais que ce qui prouve combien il avoit tort de se plaindre qu'on lui eût fait mauvaise mine, c'est qu'on lui fit, quand il y revint, le meilleur accueil, précisément à cause de la honte qu'il ressentoit d'avoir refusé ce plaisir à un ami qui lui avoit rendu les plus grands services dans un procès d'une injustice notoire, où

(1) *Bernasconi a confirmé cette réponse, à laquelle il a ajouté, qu'en prenant congé de Flores, à qui il étoit allé offrir son respect, il lui dit qu'il pouvoit envoyer son Clerc à la Cour, s'il ne pouvoit y venir lui-même, & qu'il lui offroit un logement chez lui.*

Flores n'avoit pas reçu un denier de lui, pour tout le travail qu'il avoit fait.

51. [*fol. 57.*] Interrogé s'il avoit montré quelque chagrin à *Navarro*, lorsque lui répondant fut cité pour aller faire sa déposition chez *Don Philippe Codallos.*

Il répondit qu'un jour que *Flores* étoit dans le Cloître de la Trinité avec *Navarro*, on vit arriver le Page de M. *Codallos*, qui demanda *Flores*; que *Navarro* répondit, que c'étoit le Monsieur qui étoit avec lui; qu'alors le Page tira de sa poche une petit papier sur lequel étoit écrit le nom du Répondant, & qu'il demanda où il étoit; que *Flores* lui dit, qu'il étoit dans l'appartement; que dans le moment le Répondant en étant sorti, le Page l'avertit de passer dans l'après-dîner du même jour chez son Maître, ce que fit le Répondant, sans avoir pu ni eu le tems, dans ce moment, de montrer du chagrin à *Navarro*, allant même, dans le tems qu'il reçut cet ordre, chercher le dîner de son Maître. Quant à *Navarro*, il reconnut tout d'abord le Page, parce qu'il alloit souvent chez *Don Juan Crespo*, parent de la femme de *M. Codallos.*

52. [*fol. 57. A.*] Interrogé, si deux jours après avoir été mandé par *M. Codallos*, il dit à *Navarro*, qu'on lui avoit demandé s'il connoissoit *Don Silvestre Palomares.*

Il répondit que oui; qu'il étoit vrai qu'ayant vu dans *Navarro* une grande envie de sçavoir ce qui s'étoit passé, & la raison pour laquelle il avoit été mandé, s'y prenant de toutes façons pour lui tirer son secret, que le Répondant étoit bien résolu de garder, parce qu'on le lui avoit recommandé; il le paya de gambades, lui disant que c'étoit pour le gronder & lui dire de ne plus courir après les filles, qu'on l'avoit fait comparoître; qu'il avoit ajouté plusieurs autres bourdes de cette espèce, que *Navarro* ne crut point, parce que dans ce tems-là M. *Codallos* n'étoit plus Lieutenant de Police; mais que le Répondant persistant dans ce badinage, ajoura qu'il avoit assez d'amis pour lui faire de semblables réprimandes. A quoi *Navarro* répartit, que ce seroit *Palomares* qui pourroit dire bien des choses à ce sujet. Qu'une preuve de la curiosité de *Navarro* sur tout ce qui se passe ; c'est que ce fut par lui qu'il apprit, lorsque le Marquis de *Valdeflores* fut arrêté, qu'il l'avoit été par le sieur *Don Augustin de Leyza*, qui lui permit de monter à l'appartement de la Marquise (1) pour y prendre quelque nourriture avant de partir ; que le fils de cette Dame descendit avec lui jusqu'au carrosse, & qu'il vouloit même l'accompagner dans son voyage ; mais que le Marquis ne voulant pas le souffrir, lui dit qu'il étoit plus raisonnable qu'il tînt compagnie à sa mere ; que quand le Marquis monta dans la voiture, il voulut remettre son épée à l'Officier qui l'escortoit ; que l'Officier lui ayant dit poliment, qu'il pouvoit la garder, il avoit répondu qu'il lui étoit fort inutile d'avoir un meuble dont il ne pouvoit faire aucun usage. *Navarro* ajouta, que quand on alla pour arrêter ce Seigneur, il n'étoit point chez lui, & que la Marquise l'envoya chercher ; que le Pere *Benavente* Jésuite lui avoit raconté toutes ces particularités, que la Marquise elle-même étoit venue lui apprendre, le jour d'après, l'emprisonnement du Marquis, sur les six heures du matin. *Navarro*, ayant détaillé toutes ces choses au Répondant, ajouta, que M. *Codallos* avoit reçu la commission de faire des informations secrettes, & que c'étoit de-là que venoit tant d'emprisonnemens & d'exils ; mais que le Répondant ne sçavoit où *Navarro* avoit appris tous ces détails, quoiqu'il n'ignorât point qu'il étoit instruit de beaucoup d'affaires & de conversations qui se passoient chez M. *Codallos* ; entre autres, que ce Magistrat avoit passé une nuit presqu'entiere à lire un paquet qu'il avoit reçu cacheté du Ministère ou de l'Hôtel de M. le Président, & à travailler ; qu'en conséquence le soir même où l'on

(1) C'étoit la Marquise de la Vega.

arrêta *Don Louis Velasquez*, l'Abbé *Hermoso* & autres, ce Magistrat avoit dit à une de ces parentes : Votre mari ne vous a point dit de nouvelles aujourd'hui, mais il ne manquera pas de vous en dire demain de toutes fraîches. Le Répondant ajouta, que *Navarro* pouvoit être informé de tout cela par un neveu de *Don Juan Crespo*, qui va souvent à l'Hôtel de M. *Codallos* ; qu'il ne pouvoit pourtant pas l'assurer, *Navarro* ne le lui ayant pas dit : Il dit en outre qu'il sçavoit que *Navarro* étoit lié d'une étroite amitié avec le Père *Benavente*, qu'il avoit aussi quelque liaison avec le Père *Isidore Lopez* & autres Jésuites dont le Répondant ignore les noms ; mais il sçait bien qu'ils lui ont apporté diverses reliques de Rome, qu'il est frere de la Compagnie, lui ayant entendu dire à lui-même, que c'étoit la récompense qu'il avoit eu des grands services qu'il avoit rendus à la Compagnie dans le Paraguai ; qu'un jour se lamentant sur l'état où elle étoit réduite, il avoit fait voir au Répondant une carte où étoit gravé un arbre qui contenoit tout le tableau de la Compagnie, dont les Provinces divisées par Royaume formoient toutes les branches, & de chacune de ces branches sortoient les Provinces particulieres avec le nombre des sujets qu'elles contenoient ; les maisons de chacune de ces Provinces étoient marquées sur les feuilles ; les couleurs desdites Provinces étoient distinguées pour chaque Royaume. Celle d'Epagne étoit de couleur de feuille morte ; pour le Portugal la branche étoit entièrement coupée ; mais celle de France, quoique rompue, tenoit encore à l'écorce, il n'en restoit plus de vertes que celles d'Allemagne & des Royaumes d'Italie ; ce qui étoit parfaitement bien exécuté. Jamais *Navarro* n'a voulu dire qui lui avoit donné ce plan ; mais le Répondant ne doute pas que ce ne soit un présent de la Compagnie, qui a une si grande affection pour lui, qu'il a dit au Répondant, que le Père *Lopez*, depuis son absence, avoit écrit à un beau-frere de lui *Navarro*, de retirer son neveu du Collége de la Compagnie, parce que *Don Benito* étant, à cause de l'attachement qu'il avoit pour elle, fort reculé dans sa fortune, il craignoit que cette éducation ne fût aussi pernicieuse à cet enfant.

53. [*Fol. 61*]. Que lui Répondant, ignoroit tellement, avant que d'avoir été mandé par M. *Codallos*, quel étoit le motif de cette citation, qu'il n'a pu donner à qui que ce soit, & encore moins à *Navarro* qu'à tout autre, connoissance de ce qui étoit contenu dans sa déposition, & qu'il ne croit pas, ou au moins il ignore que *Navarro*, ni tout autre, ait pû voir ou sçavoir aucune des dépositions qui se sont faites, moins encore celle de *Don Silvestre Palomares*, qui n'a en *Navarro* aucune confiance, & qui, au contraire, lui est très-opposé.

54. [*fol 61, A.*] Que le Page de M. *Codallos* étant venu demander le Répondant sous le nom de *Baranzan*, *Navarro* avoit tout d'un coup reconnu que *Palomares* étoit la cause de cette citation, parce que c'est ainsi qu'il nomme toujours le Répondant, & qu'il ne l'appelle jamais *Baranchan*, ce qui est connu de tous ceux qui ont entendu *Palomares* parler de lui; mais qu'il est très-faux qu'il ait eu aucune conversation avec *Navarro* sur la déposition de *Palomares*, avant que d'avoir été faire la sienne, puisqu'il n'avoit pas vu celle de cet Ecclésiastique, & qu'il ne sçavoit point du tout ce qu'elle contenoit; qu'il est bien vrai qu'avant d'aller chez M. *Codallos*, il avoit passé chez *Palomares*, où étoit son linge, pour mettre une chemise blanche; qu'il lui avoit dit qu'il étoit mandé, & qu'il se doutoit bien qu'il en étoit la cause, puisqu'on l'avoit mandé sous le nom de *Baranzan*, & non sous celui de *Baranchan*; à quoi *Palomares* lui répondit que s'il n'avoit fait aucune faute il n'avoit rien à craindre, mais qu'il ne lui dit rien de plus. Lorsque *Navarro* lui parla au sujet de sa citation, il vit parfaitement qu'il brûloit d'envie de sçavoir ce qu'il avoit déclaré,

& ce que contenoit la déposition de *Palomares* ; mais que s'il est venu à bout d'en être instruit, ce ne peut être que par une autre voie que par le Répondant & par *Palomares* ; ou bien il aura voulu deviner ou former des conjectures sur l'opposition qu'il sçait que Palomares a pour ceux qui ne sont pas Thomistes.

55. [*fol. 62, A.*] Qu'il résultoit de toutes ses réponses, que jamais le Répondant n'avoit sçu que *Navarro* eût fait une dénonciation contre lui, ni qu'il l'eût accusé d'aucun crime ; puisque s'il l'avoit sçu, dès qu'il a eu connoissance du pardon accordé par le Roi, il n'auroit pas manqué de prendre ses mesures pour avoir part à ce bienfait de Sa Majesté, d'autant plus que le Répondant n'auroit eu aucune peine à se justifier, en supposant toujours qu'il eût sçu qu'il avoit été dénoncé ; mais qu'il étoit obligé de dire actuellement qu'il est éclairé par l'interrogat qu'on vient de lui faire ; qu'il reconnoît le motif que *Navarro* a pu avoir dans son cœur pour lui imputer tous les excès qui ont fait le sujet de tous les interrogats précédens, auxquels il a répondu avec simplicité dans tout le cours de cet interrogatoire : Qu'ainsi, pour répondre de même à la dernière interrogation qu'on vient de lui faire, il doit dire, qu'ayant été, suivant sa coutume, chez *Palomares* (ne se ressouvient ni du mois, ni du jour) pour lui faire visite, cet Ecclésiastique lui fit, dans la conversation, plusieurs questions touchant le secret de la déposition qu'il avoit faite chez M. *Codallos* ; qu'il marqua même quelque humeur contre le Répondant, & lui dit, qu'étant aussi honnête homme qu'il le croyoit, il n'auroit pas dû manquer au secret qui lui avoit été recommandé par ordre du Roi. Le Répondant fort peiné d'un tel reproche, répondit qu'il ne s'étoit ouvert avec qui que ce fût à ce sujet ; qu'il étoit vrai que quand on lui apporta l'ordre d'aller chez M. *Codallos*, *Navarro* étoit avec le Maître de lui Répondant, & que comme il

connoiſſoit très-bien le Page de ce Magiſtrat, cela lui avoit donné aſſez d'inquiétude pour s'efforcer de découvrir quelle pouvoit être la cauſe de cette citation; qu'il n'avoit pas eu de peine à comprendre, en l'entendant nommer *Baranzan*, & non *Baranchan*, que c'étoit *Palomares* lui-même qui l'avoit occaſionnée :

Que le reproche de *Palomares* avoit fait au Répondant une peine ſi vive, ſe voyant accuſé de manquer à un ſecret ordonné de la part du Roi, qu'il alla ſur le champ (c'étoit ſur les ſept heures du ſoir) chez *Navarro* qu'il trouva au lit. Cette viſite, à une telle heure, étonna beaucoup *Navarro*, & ſaiſit tellement ſa ſervante, qu'elle ſe mit à faire de grands ſignes de croix, en lui demandant quelle pouvoit être la raiſon d'une viſite à une telle heure; qu'il répondit qu'il étoit inquiet de la ſanté de *Navarro* qu'il n'avoit pas vu depuis pluſieurs jours, & qui n'avoit pas mis le pied à la Trinité; que n'en ayant pas dit davantage, parce qu'il étoit heure d'aller chez ſon Maître, il prit congé & ſe retira avec la ſœur de la ſervante; que le lendemain *Navarro* vint à la Trinité, qu'il y repaſſa même encore une ou deux fois, qu'il y trouva enfin le Répondant, lequel en l'abordant lui dit avec émotion & pâleur, qu'il avoit à lui parler; que *Navarro* tout troublé, lui demanda ſi c'étoit pour un duel; non, reprit le Répondant, je ne ſuis point homme à me battre : mais j'ai des choſes importantes à vous dire. Quand *Navarro* fut hors de la porte, le Répondant lui dit avec beaucoup d'humeur & de colère, qu'il ne vouloit jamais rien ſçavoir de ce qui ſe paſſe dans ce monde; ne pouvant plus ſe contenir, il ajouta en hauſſant la voix, qu'il étoit néceſſaire qu'ils ſe viſſent & qu'ils ſe parlaſſent. A ces paroles *Navarro* s'en alla ſans dire adieu; & l'après-diner, étant revenu, ils allèrent enſemble dans le cloître du Couvent. Alors le Répondant lui demanda s'il ſe reſſouvenoit du moment où le Page de M. *Codallos* étoit venu le chercher. Il répondit que oui, mais qu'il n'avoit pas fait grande attention à la citation, & qu'il ne s'en étoit point reſſouvenu depuis. Sur quoi le Répondant lui rappella toutes les queſtions directes & indirectes qu'il lui avoit faites en lui parlant de cette citation, ſe vantant même d'en ſçavoir déja le ſujet, auſſi-bien que tous les points ſur leſquels ſa dépoſition avoit roulé; qu'il n'y avoit point d'efforts & d'artifices qu'il n'eût employé pour engager le Répondant à lui dire ſon ſecret, lui proteſtant qu'il étoit honnête homme, incapable d'en abuſer. A tout cela *Navarro* répondit qu'il l'avoit fait ſans malice, & que c'étoit ſa coutume de parler ainſi. Cette réponſe irrita encore plus le Répondant, qui lui dit qu'il étoit *un ſacré Menteur* (1), puiſqu'il avoit dit en un certain endroit, que lui Répondant avoit été mandé chez M. *Codallos* pour y dépoſer; que comme un habile artiſan d'impoſtures, il avoit ajouté de ſa tête tout ce qu'il lui avoit plû, croyant apparemment ne lui faire aucun tort; à quoi le Répondant ajouta mille autres paroles que la colère lui ſuggéroit, & qui perſuadèrent *Navarro*, que le Repondant ſçavoit très-bien tout ce qu'il avoit débité. Mais il prit le parti de nier tout; & pour appaiſer le Répondant, il lui dit que c'étoit bien mal à propos qu'il ſe mettoit ſi fort en colère, puiſqu'il ne lui avoit fait aucune confidence. A cela le Répondant, voulant à toute force lui faire avouer que les reproches qu'il lui faiſoit étoient fondés, crut devoir lui faire un menſonge (qu'il confeſſe;) il lui dit que c'étoit Son Excellence M. le Préſident qui le lui avoit dit en préſence de quelques Juges & Aſſeſſeurs, & que s'il vouloit en avoir la preuve, il n'avoit qu'à s'y rendre avec lui. Auſſitôt, le prenant par la main, il le mena juſqu'à la porte du couvent: mais ne voulant pas pouſſer plus loin cette feinte, dont il ſentoit la conſéquence,

(1) *Falſo ſacrilego.*

il le lâcha, réservant à une autre occasion de trouver le moyen de sçavoir avec adresse la vérité de l'affaire. S'étant ensuite un peu tranquillisés, *Navarro* le pressa de venir avec lui à la Comédie, ce qu'il refusa. Que ce que le Répondant venoit de déclarer pouvoit avoir indisposé *Navarro* contre lui, & lui avoir fait croire que le Répondant, pour se laver de ses fausses délations, auroit fait quelque déposition contre lui, & que, soit pour se venger, soit pour se justifier, il l'auroit à son tour chargé de quelque crime, vrai ou faux; mais que sur cela il ne pouvoit rien dire avec une pleine certitude.

En cet endroit on fit clore cette Déclaration; & pour ce qui en résulte, il fut ordonné que *Navarro* seroit encore interrogé.

56. C'est ce qui fut exécuté le 5 Janvier dernier. Interrogé & sommé de dire de nouveau quelles connoissances il avoit dans cette Capitale; qui les lui avoit procurées; de quoi ils s'entretenoient ensemble, notamment depuis la sédition?

Seconde Déclararion de Navarro.

57. [*Piéce 2, fol. 68.*] Il dit qu'il étoit ami de *Don Juan de Olavarrieta*, pour avoir eu une correspondance d'intérêts, relatifs aux affaires qu'ils avoient fait ensemble; qu'il connoissoit aussi l'Apothicaire de la Place de Saint Dominique, chez qui il alloit quelquefois les soirs avec d'autres personnes.

Déposition de Don Jean-Ange de Olavarrieta, *troisième Témoin.*

58. [*Piéce 2, fol. 76.*] *Don Juan-Angel de Olavarrieta*, Marchand en cette Ville, nommé par *Navarro*, convient qu'il le connoît depuis dix-huit à dix-neuf ans; qu'il avoit appris qu'il étoit de l'Académie de l'Histoire; qu'il sçavoit qu'il avoit eu un emploi de trente & tant de mille reaux; qu'il ne

ne l'avoit jamais entendu parler de Pasquinades ; que jamais il n'avoit vu dans ses mains des Papiers de cette espèce, ni ne l'avoit entendu parler de personne qui en eût, quoiqu'il soit souvent venu chez le Déposant ; que ses conversations ne rouloient d'ordinaire que sur des critiques de Livres & sur des matières d'Ecole, avec des personnes de cet état & des Ecclésiastiques. En preuve de quoi le Témoin cita ce trait : Un matin il s'éleva entre *Navarro* & un Religieux de Saint François, Confesseur de M. le Gouverneur du Conseil, une dispute sur l'Oraison de l'Eglise *Pro devoto femineo sexu*, dont le sujet étoit de sçavoir si elle comprenoit toutes les personnes du sexe. Le Franciscain voulut prouver qu'elle ne comprenoit que les Religieuses. *Navarro* soutint le contraire avec tant de chaleur, que l'Apothicaire de la Place de Saint Dominique (chez qui cela se passoit) dit à *Navarro* de ne plus remettre les pieds chez lui (1) : Qu'il y a trois ans que cet Accusé, ou quelqu'autre de ceux qui venoient à sa boutique, y apporta *le Pêcheur d'Ulloa*, & qu'en le lisant, *Navarro* dit qu'il croyoit cet Ouvrage de *Don Luiz Velazquez* ; que lui ayant demandé, cette année, s'il avoit vu ledit *Pêcheur*, il lui répondit que non, mais que néanmoins il pensoit qu'il étoit du même *D. Louis*, de qui il l'a entendu parler quelquefois, & qui est de l'Académie : que depuis l'exil dudit *Velazquez*, il lui a entendu dire, qu'il étoit touché de sa peine, le supposant informé de l'exil des Abbés *Gandura* & *Hermozo*, qu'il disoit ne point connoître : Que dans le temps qu'il avoit fréquenté *Navarro*, il n'avoit vu dans sa compagnie qu'un Prêtre appellé *Cantero*, & un Avocat nommé *Flores* ; qu'il le regardoit comme un habile homme, mais très-vif, & qu'il lui avoit remis trois lettres qui étoient

(1) Cet Apothicaire est convenu de la vérité de ce qu'on dit ici de lui. Il rapporte cette dispute comme y ayant été présent ; il déclare aussi qu'il n'a jamais vu de papiers satyriques dans les mains de *Navarro*, *Pièce*. 2. *fol*. 83.

adressées de Séville à *Navarro*, mais dont la teneur est fort indifférente pour ce Procès.

Suite de la seconde Déclaration de Navarro.

59. Dit qu'il connoissoit aussi *Don Juan Telleria*, avec qui il fréquentoit la maison de *Olavarrieta*; qu'il s'étoit, à ce qu'il lui semble, trouvé avec lui au mois de Novembre 1766, pour réciter les Prières du Jubilé dans le Couvent *des Affligés*, où il ne resta que le temps qu'il falloit pour réciter ces Prieres & pour entendre la Messe; qu'il croit se rappeller que le lendemain de ce Jubilé, il y fut seul : Qu'il étoit aussi ami de *Don Joseph Bonella*, Agent d'Affaires de *Don Sébastien de Pinuelas*, Officier de la Secretairerie d'État, de *Don Manuel de Casafonda*, Fiscal des Indes, & du Libraire *Esparza*; que c'étoit avec eux qu'il parloit de ses projets & de Livres : Qu'il avoit été quelquefois chez un Marchand qui demeure dans le Parvis de Sainte-Croix, mais seulement pour y changer de l'argent : Qu'il voyoit encore *D. Francisco Crespo*, son cousin-germain, à cause de l'ancienne amitié qu'il avoit avec son pere & son oncle; qu'il ne connoissoit point *Don Joseph Urtijo*, ni *D. Augustin de Villanueva*, Marquis *de la Floride*, ni l'Abbé *Don Alonzo de Acevedo*.

60. Interrogé si, lorsqu'il vit *Baranchan* écrire, comme il l'a déclaré, les lettres pour le Duc de *Hijar* & les autres, il en tira ou lui en fit faire pour lui quelques copies?

Il répondit qu'il n'avoit point tiré de copie de ces lettres, ni d'aucuns autres Ecrits satyriques, qui se repandirent alors; qu'il n'avoit point eu non plus l'Ecrit intitulé, *Contre-Edit*, & que *Baranchan* n'ayant fait que le lui montrer, il ne s'en rappelloit point assez les expressions; qu'il se ressouvenoit seulement que l'objet étoit qu'il ne falloit pas empêcher de composer des Satyres & des Ecrits; qu'il se rappelloit bien encore que l'Ecrit dont il avoit déja parlé, & qui commence par ces mots : *Vu par le Fiscal*, & *l'Instruction pour les Confesseurs des Rois*, contenoit quelques Loix qui ordonnent que dans ces Royaumes aucun Etranger ne puisse être Magistrat : ce qui avoit pour but, comme *Baranchan* le lui expliqua, de satyriser l'Abbé *Pico*, lequel, selon *Baranchan*, avoit été l'un des Juges contraires à *Flores* dans son Procès ; que dès avant qu'il ne fût question d'émeute, & que *Flores* se fût retiré dans le Couvent où il est, il faisoit les plus vives plaintes contre cet Abbé & contre *Don Julien de Hermosilla* ; que ce fait seroit attesté par un Ingénieur, nommé aussi *Hermosilla*, par *Don Gabriel de Rojas*, Lieutenant des Invalides, & par *Don Francisco Diaz Bravo*, Prêtre ; que quoique *Flores* eût plusieurs fois sollicité le Répondant de ne point complimenter M. *Lerin*, qui étoit aussi l'un des Juges du Procès de cet Avocat, il ne pouvoit pourtant point assurer que ledit *Flores* eût influé, avec *Baranchan*, dans les Ecrits & Libelles satyriques qui avoient été faits contre les Magistrats.

Déposition de Don Gabriel de Rojas.

61. [*Piéce 2, fol. 95.*] *Don Gabriel de Rojas*, Lieutenant-Colonel des Invalides, examiné pour ce Procès, & nommé par *Navarro*, dit, que comme il connoissoit *Don Joseph de Flores*, réfugié dans le Couvent de la Trinité, il avoit vu en différentes occasions dans sa chambre un homme d'un teint fort basané, qu'il ne connoissoit point auparavant, & qu'il a sçu, depuis qu'il est arrêté, s'appeller *Don Benoît Navarro* ; qu'il ne lui avoit rien entendu dire de bien particulier ; qu'il connoissoit *Don Juan de Baranchan*, comme le Clerc dudit *Flores* ; mais qu'il ne les avoit jamais entendu ni l'un ni l'autre marquer du ressentiment contre *Don Alexandre Pijo*, ni contre *Don Julien de Hermosilla* ; que jamais en sa présence il ne leur étoit échappé aucune parole contraire au respect qu'ils devoient à ces Magistrats, non plus qu'à

celui qu'ils doivent au Roi & au Gouvernement; que jamais enfin il ne les avoit entendu parler de Satyres ou d'autres Libelles diffamatoires; qu'il sçavoit même qu'ils avoient des qualités fort estimables, & ne tenoient que de très-bons propos.

Déposition de Don François Bravo.

62. [*Pièce 2, fol. 95.*] *Don François - Xavier Bravo*, Prêtre, mandé comme ayant été nommé par *Navarro* dans sa précédente Déclaration, convint qu'il avoit commencé à connoître *Flores* dès le temps qu'il étoit *Corregidor* à *Estepa*, où il se fit beaucoup d'honneur; qu'ayant appris qu'il étoit actuellement réfugié dans le Convent de la Trinité, il avoit été lui faire visite, pour sçavoir précisément les décisions de la Sentence qui l'avoient obligé à cette retraite; qu'il eut tout sujet d'admirer la sérénité, la tranquillité & la fermeté d'esprit où il le trouva; qu'il lui dit qu'il étoit résolu de se pourvoir devant le Roi, pour la révision de son Procès, & pour qu'il en fût fait un nouveau rapport; attribuant son malheur au peu d'exactitude avec lequel le premier rapport avoit été fait; qu'il ajouta même, en cette occasion & en d'autres, que ce rapport avoit été si inexact, que le Jugement ne pouvoit lui être favorable: que *Don Julien de Hermosilla* étant un Magistrat très-intelligent, d'une intégrité inaltérable & d'un excellent esprit, n'avoit pû se dispenser de lui être contraire, ne pouvant sçavoir que les moyens contenus dans le Rapport: Que le Mercredi-Saint de l'année 1766, le Déposant fit une visite à *Flores*, qu'il trouva dans une autre chambre que celle où il logeoit, & que lui ayant demandé s'il s'étoit pourvu devant le Roi, *Flores* lui répondit froidement qu'il prenoit ses mesures pour cela; que cette réponse fit penser au Déposant qu'il ne vouloit pas s'ouvrir là-dessus, & le porta à changer de discours: que dans cette visite, & deux ou trois autres, les seules qu'il lui ait faites, loin de s'être

jamais lâché contre les Magiſtrats qui ont rendu la Sentence dont il ſe plaint, il l'avoit entendu excuſer celui qui a fait le rapport, ſur ce que ce procès contenoit tant de chefs, & étoit ſi compliqué, qu'il ne pouvoit être bien rendu que par celui qui l'a inſtruit : que cette modération l'avoit tellement confirmé dans la bonne idée qu'il avoit du mérite de *Flores*, qu'il ne pouvoit ſe perſuader qu'il lui fût jamais échappé aucun propos contre ces Magiſtrats, & qu'il eût jamais pris part à rien de ce qui pouvoit avoir été fait contre leur honneur : Qu'il ne connoiſſoit *Baranchan* que pour l'avoir vu dans le cabinet de *Flores*, ou dans les chambres de la Trinité : Que *Flores* & ſa femme lui ont dit que c'étoit un habile garçon, & de bonne conduite ; que *Navarro* le lui a confirmé, & que jamais il n'avoit entendu *Baranchan* parler mal de perſonne : Qu'il avoit fait connoiſſance avec *Navarro* à *Almeria*, à l'occaſion de l'oppoſition qu'ils firent tous les deux au Canonicat Doctoral avec d'autres prétendans : que l'idée qu'il conçut alors de *Navarro*, fut que c'étoit un homme d'un mérite fort mince, & qui avoit peu de fond : Que dans le petit nombre d'occaſions qu'il l'a vu dans cette Capitale, il s'eſt confirmé dans le jugement qu'il en avoit porté, ne lui ayant jamais rien entendu dire qui vaille, & qui montre quelque capacité ; qu'il étoit même porté à croire que ceux qui fréquentoient cet homme, & élevoient devant lui quelque queſtion de ſcience, ou quelque point de poéſie, ne le faiſoient que pour s'amuſer, & ſe donner matière à rire.

Suite de la déclaration de Navarro.

63. Interrogé s'il avoit parlé à quelqu'un de l'exil du Marquis de *Valdeſlores*, & de qui il l'avoit appris ?

Il répondit que c'étoit *Don Joſeph de Flores*, qui, en ſe promenant avec lui dans le Cloître de la

Trinité, lui apprit l'exil du Marquis de *Valdeflores*, lui dit que M. Leyza avoit été le prendre ; que ce Seigneur étoit parti en carrosse & avoit emporté les clefs de son appartement. Il ajouta, qu'il avoit sçu ces circonstances par un des Officiers qui avoient eu part à cette expédition. *Flores* m'a dit depuis, continua Navarro, que ce Marquis avoit été mené à Cartagène. Je fis part de cette nouvelle à *Don Manuel de Casafonda*, au Libraire *Esparza* & à d'autres, qui me dirent qu'ils la savoient déja. Je ne connois point l'écrit intitulé *le Tribun du Peuple*, ni ne sçais qui en est l'auteur. Je ne sçais pas non plus si l'on avoit envoyé au Marquis *de la Mina* quelques-unes des lettres écrites au Duc *de Hijar* & autres ; Lettres au sujet desquelles on promit, à Barcelone, une récompense à ceux qui découvriroient l'auteur des placards séditieux qu'on avoit affichés dans cette ville.

Seconde déposition de Don Joseph-Michel de Flores.

64. [*Piece 2, fol. 118. A.*] *Don Joseph-Michel de Flores* examiné sur ce que *Navarro* avoit dit de lui dans la précédente déclaration, & interrogé, de qui il avoit appris l'exil du Marquis *de Valdeflores*, dit que la première nouvelle qu'il en eut lui fut donnée par un des Religieux de la Trinité le lendemain que ce Seigneur avoit été arrêté ; que ce Religieux ne lui en avoit point dit les circonstances ; qu'il en avoit ignoré le motif ; qu'il n'étoit pas même trop certain que ce fût le Marquis qui eût été arrêté, parce que d'autres Religieux disoient que l'exilé étoit un Abbé qui demeuroit au *Prado ;* mais que deux ou trois jours après, il avoit été tiré de son incertitude par *Navarro*, qui vint le voir, & lui dit que le Marquis, le soir même qu'il fut arrêté, étoit venu au College Impérial, & y avoit vu le Père *Benavente* & le Père *Cerda* nouvellement arrivé pour remplir la Chaire

des Mathématiques ; que pendant ce tems-là les gens commandés pour l'arrêter, étoient allé deux ou trois fois, sans se montrer, à l'hôtel de la Marquise *de la Vega*, où il demeuroit, pour s'informer s'il y étoit ; que la dernière fois M. l'Alcade ou Prevôt se montra ; qu'on envoya un Domestique chercher le Marquis, lequel vint aussi-tôt ; que M. l'Alcade entra avec lui dans son appartement ; qu'ils y eurent un long entretien secret, après lequel il lui permit d'aller souper avec cette Marquise ; qu'ensuite on le fit monter dans un carrosse préparé à cet effet ; qu'il voulut remettre son épée à l'Officier qui l'accompagnoit, le pressa même de la prendre, disant que c'étoit un meuble dont il n'avoit plus affaire. Le Répondant ajouta que *Navarro* lui avoit dit, que la Marquise elle-même avoit raconté le lendemain matin tout ce détail qu'il venoit de lui rendre, à un Père Jésuite, de qui il le tenoit, & que l'Alcade ou Prévôt qui avoit fait cette expédition, étoit M. Don Augustin de Leyza.

Suite de la déclaration de Navarro.

65. [*Pièce* 2 , *fol* 73.] Interrogé, s'il connoissoit & s'il fréquentoit quelques Religieux ? Il dit qu'il connoissoit & qu'il voyoit souvent le Père *Ignace Gonzalez* de la Compagnie, le Père Procureur du Paraguai, avec lequel il étoit venu de *Buenos Ayres*, qui l'étoit aussi venu voir chez lui avec le Pere *Benavente*, auquel il rendoit aussi quelques visites ; qu'il connoissoit Frère *Ayllon*, Minime ; le Provincial actuel & le Secrétaire des Trinitaires Chaussés, le Portier de Saint Cajetan ; qu'aucun ne lui avoit parlé des ordres donnés par le Gouvernement, ni du bannissement ou exil de personne ; qu'il est pourtant vrai que le bruit s'étant répandu dans le public que le Père *Isidore Lopez* étoit exilé, il en avoit parlé au Père *Ignace Gonzalez*, qui lui avoit dit que tout ce qu'il en sa-

voit, c'eſt que ce Père étoit parti ſans dire adieu à perſonne, qu'en ayant parlé une autre fois à *Gonzalez*, il lui avoit dit que le P. *Lopez* étoit allé en Galice.

Dépoſition de la Marquiſe de la Vega.

66. [*Pièce 2, fol 87.*] La Marquiſe de la Vega mandée, dit qu'elle ne connoiſſoit point *Navarro*, & qu'elle ignoroit s'il étoit lié d'amitié avec le Marquis de *Valdeflores*; que tout ce qu'elle pouvoit dire, c'eſt que le lendemain que ce Marquis étoit parti par des ordres ſupérieurs, elle alla, comme elle fait tous les mardis, au Collège Impérial; que ſon fils, qui l'accompagnoit, étoit allé à la chambre du Père *Benavente* ſon Confeſſeur: que ce Père étonné, parce qu'il étoit fort matin, lui avoit demandé ce qui l'amenoit de ſi bonne heure; que ſon fils lui apprit le départ du Marquis, ce qui nous avoit empêché de dormir toute la nuit; que le Pète *Benavente* étant deſcendu, la dépoſante lui raconta comment tout s'étoit paſſé; & comme ce Père ſavoit que le Magiſtrat qui avoit fait cette expédition étoit Commiſſaire de la Chambre pour une affaire qui concernoit la dépoſante, il lui demanda ſi ce Magiſtrat étoit venu la voir; à quoi elle répondit que non. Ajouta qu'elle ignoroit la cauſe de l'exil du Marquis; qu'au reſte le Magiſtrat avoit uſé de beaucoup de politeſſe & d'attention pour le Marquis, lui avoit permit de monter à la chambre de ſon fils, d'elle dépoſante, & d'y ſouper; que l'Officier qui devoit accompagner le Marquis, avoit eu l'attention de lui rendre ſon épée; mais qu'il ne l'avoit pas voulu reprendre, diſant qu'elle lui étoit fort inutile; que ſon fils, qui lui a rapporté ce fait, a ajouté que ſon attachement pour le Marquis l'avoit porté à demander au Magiſtrat permiſſion de l'accompagner dans ſon voyage, & que ce Magiſtrat avoit bien voulu y conſentir; mais que le Marquis s'y

oppofa abfolument. Que la Dépofante quitta ce Père pour aller prendre le chocolat chez *Dona Mariana Narvaez*, chez qui elle demeura tout le jour fans parler de cette affaire à aucune des perfonnes qui y vinrent.

Dépofition du Père Benavente.

67. [*Piéce 2, fol.* 89. [Le P. *Benavente*, mandé à caufe de ce qui avoit été dit de lui dans les dépofitions précédentes, dit qu'il connoiffoit, depuis environ deux ou trois ans, *Don Benoît Navarro*, avec qui il avoit eu quelque commerce fur des matieres hiftoriques & géographiques concernant les Indes; que deux ou trois jours après que le Marquis *de Valdeflores* eût été arrêté, *Navarro* fit tomber la converfation fur fon départ & fon emprifonnement; qu'à cette occafion le Dépofant lui raconta que le lendemain matin il avoit appris par la Marquife *de la Vega de Sainte-Marie* & par fon fils *Don Fernando*, qui étoient venu de bonne heure à l'Eglife du Collége, ce qui étoit arrivé au Marquis; que cette Marquife lui dit que le Magiftrat de la Commiffion, qui étoit M. *Don Auguftin de Leyza*, avoit eu affez d'attention pour permettre au Marquis d'aller fouper; que *Don Fernando*, fils de la Marquife, ayant paru defirer d'accompagner le Marquis, le Magiftrat y avoit confenti, mais que la Marquife & M. *Valdeflores* lui avoient fait entendre que cela ne convenoit pas, & qu'il étoit beaucoup plus à propos qu'il tînt compagnie à fa mère; que la Marquife & fon fils lui avoient dit auffi que l'Officier chargé d'accompagner le Marquis, avoit eu la politeffe de lui offrir fon épée; mais qu'il ne voulut pas la prendre, difant qu'une arme dont il ne pouvoit faire ufage ne lui plaifoit point: Qu'il pouvoit ajouter que *Don Benoît Navarro* étant venu cinq ou fix fois dans la chambre du Dépofant, avoit toujours paru fort touché de la difgrace de *Valdeflores*, &

d'une autre personne (1); disgrace que *Navarro* attribuoit à quelque haine née de querelles d'Académie, ou au soupçon qu'on avoit que le Marquis étoit Auteur de quelques Ecrits faits à l'occasion de l'émeute, par exemple de celui qui portoit pour titre *le Tribun du Peuple*, dont le Déposant n'avoit aucune connoissance. Dans une autre conversation qu'ils eurent ensemble sur cette affaire, *Navarro* finit par lui dire, qu'il avoit tellement sur le cœur qu'on eût eu un tel soupçon contre le Marquis de *Valdeflores*, qu'il se croyoit en conscience obligé de faire sçavoir à Son Excellence M. le Comte d'Aranda toutes les raisons qu'il avoit de penser que M. de *Valdeflores* n'étoit point l'Auteur de semblables écrits; puisque, comme il lui semble que *Navarro* le dit, le véritable Auteur de ces Ecrits étoit le Clerc d'un Avocat, dont le Déposant ne se rappelle pas le nom, & qui s'étoit refugié dans le Couvent de la Trinité. Sur quoi le Déposant lui répondit, que s'il ne sentoit point sa conscience affectée de quelque passion ou aversion contre ce particulier, & qu'il n'eût d'autre intention que de ne pas laisser souffrir injustement l'innocent, il pouvoit faire cette délation; mais qu'en tout cas il lui conseilloit d'en parler auparavant à son Confesseur. Que le Déposant eut lieu de croire dans la suite, par quelques faits dont il eut connoissance, que *Navarro* avoit fait la délation; mais qu'il n'en fut point informé positivement, & qu'il ne se souvient pas comment cela lui fut rapporté.

68. [*Pièce 2. fol. 144.*] Postérieurement à cette déposition, M. le Commissaire ordonna que, par un Acte exprès, le *P. Benavente* feroit une déclaration précise du nom de la personne qu'il avoit citée, & des propres paroles dont *Navarro* s'étoit servi, lorsque, comme le Déposant le déclare dans le

(1) Cet autre est le Pere Isidore Lopez, comme il résulte d'un acte fait par ordre du Seigneur Commissaire, qui sera rapporté ci-après.

Procès-verbal, il lui dit qu'il étoit fort touché de la disgrace du Marquis de *Valdeflores* & *d'un autre* : que dans cet Acte ce Père marqueroit le motif pour lequel il n'avoit point fait ces énonciations dans le Procès-verbal, quoique M. le Commissaire l'eût ordonné.

69. [*Fol. 114. A.*] En exécution de cette Ordonnance, le Greffier attesta que le P. *Benavente* avoit dit & déclaré à haute voix & sans équivoque, dans sa déposition, que les personnes de la disgrace desquelles *Navarro* lui avoit paru si touché, étoient le Marquis de *Valdeflores* & le P. *Isidore Lopez* ; mais que, lorsqu'on rédigea par écrit cette déposition, le P. *Benavente* avoit témoigné que par respect pour le P. *Lopez*, & parce qu'il étoit de sa Compagnie, il lui paroissoit suffisant de se servir de cette expression, *& d'un autre*, que l'on employa en effet dans la rédaction, par cet unique motif : quoique M. le Commissaire eût dit qu'il etoit nécessaire d'en exprimer le nom, ledit Père ne voulut pas le souffrir.

Continuation de la déclaration de Navarro.

70. [*Pièce 2. fol. 100. B.*] En conséquence des précédentes dépositions, on procéda à la continuation de la déclaration de *Navarro*, le 16 de Janvier de la présente année.

Interrogé quel motif l'avoit déterminé à faire la dénonciation rapportée ci-dessus, il répondit que c'étoit sa conscience, après s'être consulté là-dessus avec les Pères *Ignace Gonzalez* & *Michel Benavente* ; qu'il avoit eu occasion d'en conférer avec eux, un soir qu'il étoit allé leur porter des placets pour solliciter un emploi vacant dans les Indes ; qu'il en avoit donné au premier de ces Peres, & ensuite à un autre, qui servoit quelquefois de Compagnon à un Jésuite, parent de M. le Président des Indes : Que ce fut là le motif qui l'engagea à leur parler de la nouvelle du départ du Père *Lopez* ; qu'il dit même au P. *Benavente*, qu'il s'y étoit bien attendu ; que *Baranchan* lui avoit fait la confidence qu'il avoit été mandé par *M. Codallos* pour aller faire une déclaration devant lui, en conséquence de celle que *Palomares* y avoit déja faite & portée par écrit, après l'avoir dressée de concert avec un autre Ecclésiastique Portugais, dans laquelle ils déclaroient que le jour de l'émeute populaire, le P. *Lopez* s'étoit tenu à la porte du Collége Impérial, avec plusieurs gens masqués & déguisés, & que de là il s'étoit élevé un cri pour demander que le Marquis de la *Ensenada* fût mis à la place du Marquis de *Squillace* ; que *Baranchan* avoit ajouté que ces deux Ecclésiastiques avoient aussi chargé le Pere *Giron* Jésuite de s'être plaint dans un Sermon qu'il avoit prêché au Collége Impérial, de la persécution que souffroit la Compagnie : que lui, *Navarro*, avoit encore dit à ces Peres, que *Baranchan* avoit fait en sa présence les écrits ou lettres adressées au Duc de *Hijar*, au Comte d'*Altamira*, & au Corrégidor de cette Ville ; qu'alors les Peres *Benavente & Gonzalez* persuaderent au Repondant, qu'il étoit obligé en conscience d'aller en faire sa dénonciation à M. le Président, sans rien omettre de ce qu'il savoit à ce sujet, & en lui disant tout dans la vérité ; parce que Monseigneur le Président desiroit être très-exactement informé. Que le Répondant ne se seroit point déterminé à faire cette dénonciation, si les Peres *Benavente* & *Gonzalez* ne l'avoient persuadé qu'il y étoit obligé ; il ne se seroit cru obligé de la faire, qu'au cas qu'il eût été mandé ou cité pour comparoître. Que ce fut pour cette raison qu'il supplia de vive voix M. le Président, de vouloir bien faire en sorte qu'il ne fût point impliqué dans les procédures qui pourroient se faire à ce sujet.

71. [*Pièce 2. fol. 102.*] Qu'il n'a eu avec les Pères qu'il vient de nommer aucune conversation sur l'écrit intitulé *le Tribun du Peuple*, sur lequel on venoit de l'interroger, & qu'il ne l'avoit point entendu nommer.

72. Que lorsque *D. Joseph de Flores* lui fit part de l'enlevement du Marquis de *Valdeflores*, il ne lui dit point quel étoit le Magistrat ou l'Exempt qui l'en avoit instruit, qu'aucune autre personne n'en avoit parlé au Répondant le lendemain de cette expédition, qu'il n'en a jamais rien sçu de plus que ce qu'il en a dit, & qu'il ne se rappelloit point qui en avoit parlé à *Baranchan*.

73. [*Fol. 103. A.*] Interrogé si ce n'étoit pas le P. *Benavente* qui lui avoit appris le départ dudit Marquis, & qui lui avoit raconté le détail de ce qui s'étoit passé lors de son enlevement. Il répondit que oui, & que ce fut trois ou quatre jours après l'évènement, dans une visite que le Repondant lui fit, qu'alors la chose étoit toute publique. Que ce Pere lui avoit dit aussi que le fils ou le neveu de la Marquise, chez qui ce Seigneur demeuroit, avoit voulu l'accompagner dans son voyage, mais qu'il n'y avoit pas consenti, lui disant de tenir compagnie à sa mere ou à sa tante. Que c'est depuis ce temps-là que le Répondant a rapporté la même chose chez *Flores*; mais que le Père qu'il a nommé ne lui avoit point dit comment & de qui il avoit appris cette particularité.

74. [*Fol. 104.*] Qu'il sçavoit bien que le P. *Benavente* étoit ami du Marquis de *Valdeflores*; mais qu'il ignoroit s'il connoissoit cette Marquise.

75. [*Fol. 104. A.*] Qu'il n'avoit point du tout été affligé de la disgrace du Marquis de *Valdeflores*, ni de *quelqu'autre*, & qu'il n'avoit rien dit de particulier à cet égard; qu'il avoit encore moins dit au P. *Benavente*, qu'il avoit lieu de croire que la disgrace du Marquis de *Valdeflores* venoit de l'Académie, ou de ce qu'on lui avoit attribué des écrits faits à l'occasion de l'émeute.

76. [*Fol. 105.*] Interrogé s'il n'avoit pas dit au P. *Benavente* que le Marquis de *Valdeflores* n'étoit pas l'Auteur de l'écrit intitulé : *Le Tribun du Peuple*, & que c'étoit le Clerc d'un Avocat réfugié à la Trinité? Il répondit qu'il n'avoit point de connois-

ſance qu'on eût fait cet écrit ; qu'ainſi, ne ſçachant pas qu'il exiſtât, il n'avoit pu dire que le Clerc dont on parle en étoit l'Auteur.

Dépoſition du Père Ignace Gonzalez.

77. [*Pièce 2, fol. 105, B.*] Le Père *Ignace Gonzalez*, nommé par *Navarro*, dit qu'il avoit connu ledit *Navarro* à *Buenos-Ayres ;* que revenant de ce pays, il avoit fait voyage avec lui juſqu'à la rivière *Geneyro*, dans le Navire *le Saint-Ignace ;* que c'eſt la raiſon pourquoi *Navarro* a fait des viſites au Dépoſant dans cette Capitale, juſqu'au tems où il alla à Seville pour des partages : Que depuis ſon retour il étoit revenu le voir quelquefois, ſpécialement depuis l'émeute arrivée parmi le peuple, pour ſolliciter des recommandations afin de réuſſir dans ſes projets : Que le Dépoſant ſe ſouvient que dans ces converſations ce Particulier lui dit une fois qu'il connoiſſoit les Auteurs de certains écrits ſatyriques, & ſpécialement de celui qui eſt intitulé : *Le Tribun du Peuple ;* qu'en dernier lieu, à l'occaſion du départ & de l'exil du Marquis *de Valdeflores*, il lui déclara ſçavoir qui étoit l'Auteur d'un certain placard qui avoit été affiché ſous le titre de *Contre-Edit ;* qu'il jugeoit qu'on avoit attribué audit Marquis d'autres Ecrits qu'il connoît, mais qui traitent d'autres ſujets : que le Dépoſant affectoit de ne prendre aucune part à ces converſations, parce que ſes Supérieurs immédiats l'avoient ordonné, ainſi que le Gouvernement : Qu'en cette occaſion *Navarro* lui dit encore qu'il connoiſſoit un des Auteurs de ces Ecrits ; que c'étoit le Clerc d'un Avocat appellé *Flores*, que le Dépoſant avoit rencontré par haſard dans une chambre de la Trinité, où on lui apprit qu'il étoit réfugié, & qu'il s'appelloit comme il a été dit : Que *Navarro* lui a dit tout cela depuis le départ du Marquis, ajoutant qu'il le tenoit des Auteurs mêmes de ces Ecrits, avec qui il étoit en relation ; mais qu'il ne nomma que

le Clerc de l'Avocat *Flores* : Que dans une autre visite qu'il fit au Déposant, il lui avoit dit que sa conscience le pressoit d'aller informer M. le Président de tout ce qu'il sçavoit sur les Auteurs de ces Ecrits, & que voulant ensuite s'expliquer sur les raisons qui l'y portoient, le Déposant lui répondit que ses occupations ne lui permettoient pas de l'entendre, mais que si sa conscience le pressoit, on l'avoit déja décidé sur le parti qu'il avoit à prendre, il devoit aller, avec sincérité & vérité, faire ce qu'elle exigeoit de lui : Que depuis il avoit informé le Déposant qu'il s'étoit entretenu avec Son Excellence sur les connoissances qu'il disoit avoir : Qu'avant cela *Navarro* avoit témoigné au Déposant quelque inquiétude sur ce qui pourroit lui arriver, pour n'avoir pas été plutôt faire cette déclaration ; mais que le Déposant lui dit que cela ne devoit pas l'empêcher de la faire ; qu'il ne devoit avoir rien à craindre dès qu'il iroit de lui-même faire cette déclaration : Qu'il semble au Déposant que *Navarro* avoit aussi fait quelques-unes de ces confidences au Pere *Benavente*, mais qu'il étoit certain que ce n'avoit point été en présence de lui Déposant.

Déposition du Père Thomas de la Cerda.

78. [*Pièce 2, fol. 132.*] Le Père *Thomas de la Cerda*, mandé pareillement à cause de la mention que *Navarro* avoit fait de sa personne, dit qu'il ne connoissoit *Navarro* que pour l'avoir vu quelquefois dans les coridors du Collège Impérial, & qu'il sçavoit qu'il alloit souvent dans les chambres des Peres *Benavente* & *Gonzalez* ; qu'il croyoit que ce qui l'avoit particulièrement lié avec ce dernier, est qu'ils avoient été amis en Amérique, où ils se sont trouvés en même tems, mais qu'il n'étoit point lié avec le Déposant, qui ne se ressouvenoit point de l'avoir jamais vu dans sa chambre : Qu'il ne connoissoit point *Barancham* ; qu'il avoit seulement oui dire assez vaguement qu'il avoit été un

de ceux qui avoient dépofé contre le *Père Ifidore Lopez*, & contre le Marquis de *Valdeflores* : Que ce dernier alloit quelquefois dans la chambre du Père *Benavente*, mais qu'il n'avoit point de liaifon particulière avec le Dépofant, & qu'il n'avoit jamais été dans fa chambre, fi ce n'eft le foir même d'avant le jour où il fut arrêté & conduit en exil ; qu'il y étoit venu pour voir un très-habile Ecrivain, ce qui y donna lieu à une converfation fur la queftion de fçavoir qui avoit été le premier Inventeur des lettres en Efpagne.

79. M. le Commiffaire, pour continuer fon procès-verbal, en vertu de la réferve faite par l'acte du 25 Décembre 1766, & ayant pris féance, examina *D. Felix Urbano*, Page de M. *Codallos*, âgé de 23 ans. Il dit que fon Maître étant parent de *Don Sébaftien de Pinuela*, lui Dépofant y alloit fouvent & qu'il y fit connoiffance avec *Don Benito Navarro*, qui s'y trouvoit fréquemment ; que quand ils s'y rencontroient, ils s'arrêtoient enfemble, & s'entretenoient : que fon Maître lui ayant ordonné d'aller chercher le Clerc d'un Avocat, appellé *Flores*, il apprit que cet Avocat s'étoit réfugié au Couvent des Trinitaires chauffés ; que lui Dépofant y étant allé, un Religieux lui montra *Flores* qui fe premenoit dans le cloître ; & que s'étant approché de cet Avocat, après l'avoir falué, il falua auffi *Navarro* qui étoit avec lui, comme une perfonne de fa connoiffance : Qu'ayant demandé à *Flores* où étoit *D. F. Baranchan* fon Clerc, *Flores* & *Navarro* le lui montrerent qui fortoit de la cuifine ou de quelqu'autre endroit du cloître, & lui dirent que c'étoit celui qu'il cherchoit : qu'alors s'acquittant de fa commiffion, il dit à ce Clerc qu'il eût à comparoître le foir ou le lendemain chez fon Maître ; ce qu'il avoit exécuté : Que depuis cette citation, & particulierement depuis l'émeute, le témoin remarqua que quand *Navarro* le rencontroit & lui parloit, il le regardoit d'un air tout autrement inqu et qu'auparavant ; qu'il lui

demanda même en quelque rencontre si l'on travailloit beaucoup chez son Maître ; ce qui fit comprendre au Déposant, que *Navarro* sçavoit ou se doutoit que par ordre de son Maître il se faisoit des informations à l'égard de quelques personnes : Qu'avant la publication de l'Ordonnance prohibitive des Ecrits satyriques, le Déposant avoit entendu, dans la maison de son Maître ou dans celle de *D. Sébastien Pinuela*, *Navarro* parler avec d'autres personnes qu'il ne se rappelle pas, de divers Ecrits concernant l'émeute, & dire qu'il en avoit vû ou lû d'autres qui étoient beaucoup mieux faits que ceux dont on parloit ; mais que lui Déposant n'en sçavoit ni le nom ni le titre : Qu'il l'avoit aussi entendu raisonner sur les circonstances de l'émeute, mais que lui Déposant n'en pouvoit rien dire de particulier.

Déposition de Dom Laurent Dieguez.

80. [*Piece 2. fol.* 110. *A.*] *Dom Laurent Dieguez*, Secrétaire de l'Académie de l'Histoire, âgé de 40 ans, dit seulement qu'il connoissoit *Navarro* depuis quelques années pour l'avoir vû dans la maison de *D. Augustin de Montiano* ; mais qu'il n'avoit jamais eu d'autre relation avec lui que de se saluer quand ils se rencontroient : qu'il avoit quelque indice que Navarro connoissoit & étoit ami de *Dom Joseph de Flores*, à qui le Déposant avoit fait quelques visites dans le Couvent de la Trinité, parce qu'il étoit aussi Académicien, & qu'il avoit par-devers lui quelques Ecrits & quelques Ouvrages de l'Académie : Qu'il n'a jamais vû *Navarro* dans la chambre de *Flores*, lequel a pour compagnie un Clerc dont il ne sçait ni le nom ni le surnom : Que ce Clerc étoit de moyenne taille, maigre de visage & parlant bien : qu'il ne sçavoit point si ce Clerc & *Navarro* étoient amis, & que quand il a été chez *Flores*, il ne leur a jamais entendu rien dire qui eût rapport à l'émeute populaire, & qu'il n'a point vû ni à *Navarro* ni a ce

Clerc, des papiers ſatyriques, ni aucune des choſes ſur quoi on l'a queſtionné.

Dépoſition de Frère Gaſpard de Rojas.

81. [*Pièce 2. fol. 112*]. Frere *Gaſpard de Rojas*, grand Sacriſtain des Trinitaires chauſſés, examiné à ſon tour, dit que l'Avocat *Flores* étant réfugié dans ſon Couvent, il l'avoit vû pluſieurs fois ſe promener dans le cloître; qu'il avoit pour Clerc un nommé *Dom Juan*, qui le ſervoit pour écrire & pour lui apporter ſes repas; que comme ce Clerc avoit la main bonne & étoit fort inſtruit, il avoit copié pour le Dépoſant divers Ecrits & autres choſes concernant la Neuvaine, le Bref & la béatification du Bienheureux *Rojas*; Qu'il ne ſe ſouvenoit point d'avoir vû que ce Clerc eût été mandé par M. *Codallos*, & qu'on ne le lui avoit pas dit: qu'il ne ſçavoit pas s'il étoit ami de *Navarro* & lié avec lui juſqu'à la confidence: Qu'il ne les avoit entendu faire aucunes converſations ſur l'émeute; que pendant les jours où elle éclata, le Maître de ce Clerc l'avoit tenu occupé à écrire des mémoires & autres choſes touchant un procès: qu'il ſe rappelloit que le mardi-ſaint ce Clerc demeura tout le jour dans le Couvent en la compagnie de *Flores*; & ce qui lui rend ceci fort préſent, c'eſt qu'étant l'après-diner fort peiné pour un ſermon qu'il devoit prêcher la nuit, *Flores* & ſon Clerc lui faiſoient là-deſſus des plaiſanteries: enfin qu'il n'a jamais rien entendu dire à ce Clerc contre *Navarro* ni contre aucun autre.

Troiſieme dépoſition de Flores.

82. [*Piece 2. fol. 84. B.*] *Dom Joſeph-Michel de Flores*, outre les autres déclarations qu'il a faites comme ajourné, a encore déclaré comme témoin, que le lundi-ſaint de l'année 1766 *Baranchan* lui apporta ſon chocolat à l'heure ordinaire; qu'il partit enſuite, & ne revint qu'avec ſon diner, qu'il

lui apporta de la rue des Rapporteurs qu'après avoir dîné lui-même, il s'en alla & revint le soir avec le souper: qu'alors le Déposant lui demanda d'un ton un peu sérieux où il avoit été le reste du jour, tandis qu'il sçavoit bien tout l'ouvrage qu'il y avoit à faire: Qu'il lui repondit qu'il avoit été avec *Palomares*: Que le mardi-saint *Baranzan* revint le matin avec le chocolat; & comme le Déposant avoit à expédier un grand procès, il l'occupa toute la matinée & toute la soirée à écrire; qu'il n'étoit sorti que pour descendre à la galerie du Couvent pour voir le bruit & le tapage qui se faisoit dans la rue: Que le même jour *Don Francisco Llanos* le vint chercher dans la chambre du Déposant; mais qu'il ne les entendit, ni l'un ni l'autre, parler de l'émeute, si ce n'est qu'ils dirent un mot en général sur ce qu'on avoit fait sortir les femmes hors de la Galère, à à quoi il est certain, par ce qui a été dit ci-dessus, que Baranchan n'avoit pu se trouver: Qu'après que l'émeute fut passée, *Baranchan* lut dans le Couvent quelques-unes des lettres qui avoient été écrites au *Duc de Hijar*, au Comte d'*Altamira* & au *Corrégidor* de cette Capitale, & une en particulier, où il y avoit un vers latin de Claudien; qu'il n'entendit point dire qui en étoit l'auteur, si ce n'est que quelques-uns vouloient le deviner par le style, mais le Déposant soutint toujours que c'étoit un indice fort incertain; que quelqu'un néanmoins qui étoit présent & que le Déposant ne se rappelle point, dit, à cause du mot de *Frivolité* & de quelqu'autre dont il ne se souvient pas, que cet écrit lui paroissoit être de *Don Louis-Joseph Velasquez*; qu'il croyoit que *Baranchan* entendit aussi cette conversation; mais qu'il ne peut se persuader qu'il ait jamais été l'auteur d'un pareil écrit; qu'il avoit même paru ne le pas connoître, & douter, comme le déposant & pour les mêmes raisons, que ces expressions fussent de *Velasquez*: Qu'il n'avoit point sçu que *Navarro* & *Baranchan* eussent eu de conversation particulière sur ces lettres & sur leur auteur ; qu'il pouvoit pourtant bien se faire qu'il en eût tiré quelques copies, comme il avoit coutume de faire pour ceux qui le prioient de copier quelque chose, parce qu'il est naturellement porté à faire plaisir à tout le monde. Qu'il sçavoit encore que dans les conversations entre *Baranchan* & *Navarro*, celui-ci étant fort affectionné à l'Ecole Jésuitique, & le premier ne l'étant point du tout, à cause de sa liaison avec *Don Silvestre Palomares*, il y avoit souvent des querelles entr'eux sur les affaires des Jésuites, & sur la cause du vénérable *Palafox* : Qu'il croit pouvoir ajouter aux particularités qu'il a déclarées dans les précédentes dépositions sur l'idée peu avantageuse qu'il a du jugement de *Navarro*, qu'à l'occasion d'un procès qu'avoient eu, contre le Provincial de l'Andalousie, le Général des Trinitaires chaussés, le Ministre & les Religieux de *Séville*, dont lui Déposant avoit été le Défenseur ; le Père *Joseph de Léon*, *Présenté* (1), étoit venu en cette Capitale pour soutenir les droits de cette Maison. Comme ce Religieux avoit été ami des parens de *Navarro*, s'étant trouvés ensemble dans le cabinet du Déposant, ils se lierent d'amitié, se firent l'un à l'autre des visites ; & comme on avoit chargé ce Religieux de solliciter un procès qui se poursuivoit en la Nonciature, il en remit le dossier au Déposant, lequel, lorsqu'il fut obligé de se retirer, en chargea *Jean Sarmiento*, sous le nom duquel il fit son mémoire des frais qu'il avoit faits jusqu'alors. Sur cela *Don Pedro Ardeque*, Bourgeois & Négociant dans la Ville du *Port Sainte-Marie*, écrivit au Déposant, pour le prier de lui mander ce qu'il avoit touché pour son travail ; mais en même-tems il écrivit sur cette affaire à *Navarro*, condisciple de l'A-

(1) On appelle en Espagne *Pere Présenté*, un Religieux qui, après avoir fait tout son cours de Théologie, est présenté par sa Maison pour recevoir le bonnet de Docteur.

vocat qui ſoutenoit ce procès dans la Ville du Port ; & par la même occaſion il envoya au Dépoſant quelques inſtructions & enſeignemens par le canal de *Navarro*. Quelques ſemaines après le Religieux, qui avoit recommandé cette affaire au Pere *Léon*, renvoya au Dépoſant la copie d'une lettre dudit *Ardeque*, accompagnée d'un papier écrit par *Navarro*, à ce qu'il parut au Dépoſant, qui fut fort offenſé des termes injurieux qu'il contenoit. Comme il connoît le bon caractère du Père *Léon*, que d'ailleurs lui Dépoſant n'a jamais eu aucun différend avec *Navarro*, il ne pût attribuer cette injure qu'à ſa mauvaiſe tête & à ſa démangeaiſon de bavarder.

Sur quoi ce papier ayant été demandé au Dépoſant, on l'a inſéré dans cet endroit, & il contient ce qui ſuit.

Billet écrit par Navarro.

83. [*Pièce 2. fol. 102*] Je ſçai que la Partie intéreſſée a écrit à l'Avocat que le Pere *Préſenté* a laiſſé ici ; mais comme le fondé de procuration a été le valet de ce Pere, lequel, parce qu'il étoit ſon petit maquereau, ne le ſervoit que pour la moitié de la portion du Couvent, n'ayant ni feu ni lieu dans cette Capitale ; il ne convenoit pas qu'il répondît directement ; c'eſt pourquoi, en corps & en ame, il a renvoyé la lettre au Pere *Léon* pour y faire réponſe ; moyennant quoi, en attendant qu'il le faſſe, & qu'il renvoye le compte qu'il aura dreſſé, ledit *Juan Sarmiento*, ce fondé de procuration, n'aura rien à dire. Il eſt vraiment étrange que ces Meſſieurs aient confié leur procuration à cet homme, qui à peine a une méchante cape ſur le corps ; & qu'ils aient écrit à l'Avocat, ce qui n'eſt point régulier, que connoiſſant ce que c'eſt que le Père L. il découvre entièrement ſa filouterie. Pour moi, je t'aſſure que dans tout le cours de cette affaire, à peine aura-t-il reçu quarante écus, pour cinq ou ſix requêtes qu'il a faites. Des onze que ledit Père articule dans ſon mémoire, à peine l'Avocat ſe

souvient-il de six. Mais supposons qu'à bon compte il y en ait eu onze, il n'a pu encore recevoir la moitié de ce qui lui est dû. N'est-ce pas en dire assez pour qu'on ne fasse plus l'ânerie de se servir d'un affronteur tel que ce Pere Léon ? C'est ce mauvais Religieux qui, dans le tems que le Père Visiteur a été dans cette Province, a eu la conscience de lui remettre un libelle diffamatoire contre le Pere *Côme* & contre le Ministre F. du Couvent de Séville, dans la seule idée de lui donner des préventions contre tous, afin d'être élu Ministre lui-même. On feroit bien mal de le nommer, car ce seroit mettre pour Supérieur le plus grand L. qu'il y ait dans cette Province. Il conviendroit, que puisqu'on retient à Xerez le Père *Côme*, on lui fit sçavoir ceci, afin qu'il prenne ses précautions, & qu'il fasse connoître au Ministre de Seville, le Judas qu'il tient dans sa Compagnie.

84. A la vue de cet écrit, M. le Commissaire demanda à *Flores*, ce que signifioit les lettres majuscules qui s'y trouvent. Il dit que la première L. signifioit *Léon*, le C. *Ciriaque*, l'F. *Fernandez*, & la dernière L. *Larron*. Ceci joint à tout ce qui a déja été dit, fait voir que *Navarro* est un homme très-capable de faire toutes sortes de délations & qu'il a une bien mauvaise tête.

Continuation des Réponses de Navarro.

85. [*Pièce 2. fol. 127. A.*] En cet endroit & à raison de ce qui résultoit des dépositions précédentes, on ordonna la continuation de l'interrogatoire de *Navarro*, & entr'autres choses qu'on ne répétera point ici, parce qu'il en a déja été fait mention, on lui demanda, s'il avoit écrit quelque billet au *Port de Sainte-Marie* ou à *Séville*, & à qui & pour quel sujet. Il répondit qu'oui, qu'il avoit écrit à un Avocat du *Port de Sainte-Marie*. Ce billet, inséré ci-dessus, lui ayant été représenté, il dit que c'étoit la copie de celui qu'il avoit écrit,

& que la teneur en étoit la même. Tout de ſuite on lui demanda ce que ſignifioient les lettres majuſcules ? Il en donna la même explication que *Flores*, & il ajouta que c'étoit *Baranchan* qui lui avoit fait écrire ce billet, pour faire plaiſir à Flores à qui on en avoit renvoyé la copie qu'on venoit de lui montrer.

86. [*Fol. 128. A.*] Il convint enſuite, qu'il avoit dit au Père *Ignace Gonzalez*, que c'étoit *Baranchan* qui étoit l'Auteur du placard intitulé, *Contre-Edit*, & des lettres envoyées au Duc de *Hijar*, au Comte d'*Altamira* & au *Corrégidor* de Madrid ; ce qui fit que ce Père Jéſuite & un autre lui ſoutinrent qu'il étoit obligé en conſcience d'aller faire la dénonciation dont il s'agit ; que l'ayant refuſé, ce Père inſiſta, & lui prouva que c'étoit une obligation de conſcience. Il lui donna cette déciſion, une fois étant ſeul, & une autrefois étant avec le P. *Benavente*, que cela s'étoit paſſé deux, trois ou quatre jours avant qu'il eût été faire cette dénonciation.

En cet endroit on fit finir cet interrogatoire, ſauf à le reprendre quand il conviendroit.

87. M. le Commiſſaire ordonna d'inſérer dans ſon procès-verbal, pour les effets qui en devoient réſulter, la copie du placard intitulé le *Contre-Edit*, dont voici la teneur.

Copie du placard intitulé Contre-Edit.

88. [*Piéce 3. n. 1.*] A tous les habitans de Madrid : » Nous, par la grace de Dieu, ſes Tribuns & » ceux de ſon peuple, ſçavoir faiſons, que vu la » requiſition faite par notre Fiſcal en plein Tribu- » nal, dans l'aſſemblée des Chambres de *Lava-* » *pies* (1), de *Barquillo*, de *Maravillas* & de » *Raſtro*, défendons d'obſerver l'Ordonnance publiée » le jour d'hier pour prohiber les écrits faits rélati- » vement aux motifs & aux effets de notre émeute

(1) Ce ſont les noms de quatre fauxbourgs de Madrid, pleins de petites gens & de garçons artiſans fort groſſiers, qui ayant été ſoulevés par les Jéſuites ou leurs émiſſaires, eurent la plus grande part à la ſédition.

» passée, attendu que ladite Ordonnance a été pu-
» bliée hors de propos, qu'elle est contraire aux
» Loix, injurieuse à nos personnes & à la Sacrée
» Personne du Souverain, comme notre Fiscal l'a
» fait voir dans son Réquisitoire, & comme le Peu-
» ple le verra ». Est signé.

Confrontation de Navarro *& de* Baranchan.

89. [*Pièce 2. fol. 155.*] Postérieurement à ceci, & attendu la contrariété qui se trouvoit entre les déclarations de *Navarro* & de *Baranchan*, il fut ordonné par M. le Commissaire, le 25 Janvier de la présente année, qu'ils seroient confrontés l'un à l'autre. Cette confrontation fut faite; il se firent respectivement leurs reproches sur ce qui résultoit des actes: chacun d'eux persista dans ce qu'il avoit déclaré; *Baranchan* ayant uniquement ajouté, que quant à ce qui concernoit la lettre au *Corrégidor*, c'étoit sur le bruit public qu'il avoit dit, que cette lettre avoit été rendue par deux hommes masqués.

Confrontation de Flores *& de* Navarro.

90. [*Même pièce fol. 154.*] Ensuite il fut ordonné par M. le Commissaire, que Navarro seroit confronté avec l'Avocat *Flores*, ce qui fut exécuté. *Flores* soutint en face à *Navarro* la vérité de toutes les particularités que celui-ci lui avoit dites, concernant l'exil du Marquis de *Valdeflores*. *Navarro* répondit, qu'il ne se ressouvenoit point de tout ce qui s'étoit passé pour lors; que néanmoins il pouvoit bien se faire qu'il lui eût dit tout cela, d'après le récit que lui en avoit fait le Père *Benavente* deux ou trois jours après le départ du Marquis. *Flores* ayant ensuite relevé l'imputation à lui faite par *Navarro* d'avoir voulu le détourner de faire des complimens au Magistrat *Don Juan Lerin*, il le somma de s'expliquer là-dessus plus particuliérement, *Navarro* le fit; mais *Flores* voulant le contredire, *Navarro* retracta aussi-tôt tout ce qu'il avoit dit à cet égard.

91.

91. [*Pièce 2. fol. 258. A.*] Cette confrontation étant finie, *Navarro* déclara qu'il avoit bien des choses à réformer dans ses précédentes réponses. M. le Commissaire lui ayant demandé dans quelles, il dit que c'étoit sur des points essentiels, & qu'il étoit très-important d'en informer Son Excellence ; il s'exprima de manière à faire entendre qu'il avoit manqué essentiellement à la vérité dans ses réponses. En même-tems il supplia M. le Commissaire de lui dire, s'il obtiendroit quelque diminution de la peine qu'il pouvoit avoir méritée ; quoi qu'en termes fort ambigus, il donnoit à entendre, que dans la dénonciation qu'il avoit fait à Son Excellence, il n'avoit pas joué le rôle principal, & qu'il n'avoit été que l'instrument d'autres personnes qui l'avoient fait agir. M. le Commissaire lui répondit, qu'à l'égard de la peine, il ne pouvoit l'assurer de rien. Il lui remontra ensuite que par le serment qu'il avoit fait, il avoit contracté une étroite obligation de dire la vérité. *Navarro* repartit, qu'il se trouvoit si déconcerté & si troublé, qu'il ne pouvoit actuellement faire sa déclaration, mais qu'il y penseroit. M. le Commissaire consentit à lui donner du tems, & mit fin à cette vacation.

92. La suite du procès constate que le 29 Janvier le Prevôt ou Concierge de la prison avertit M. le Commissaire, que ce même jour étant allé dès le matin porter le chocolat à *Navarro*, ce prisonnier le pria de faire venir le Greffier qui avoit écrit ses réponses ; à quoi il avoit répondu, qu'il feroit beaucoup mieux de faire venir M. le Commissaire. *Navarro* lui dit alors, de faire là-dessus ce qu'il jugeroit le plus convenable. M. le Commissaire s'étant donc rendu à la prison, demanda à *Navarro* pourquoi il avoit desiré qu'on lui fit venir le Greffier ? Il avoua qu'il avoit effectivement donné cette commission, & que c'étoit dans le dessein de demander qu'on le fît conduire devant Son Excellence M. le Président, pour implorer sa miséri-

D

corde. M. le Commissaire lui repartit, que cette demande étoit si irrégulière, qu'il n'y avoit pas moyen de la proposer; mais que s'il avoit quelque chose à dire de nouveau, comme il l'avoit fait entendre, il recevroit sa déclaration. Alors *Navarro* dit, que s'il s'étoit porté à faire la dénonciation qui étoit l'objet du procès, ce n'étoit que parce que les Pères *Benavente* & *Gonzalez* lui avoient persuadé qu'il y étoit obligé en conscience : que c'étoit-là tont ce qu'il avoit voulu dire, lorsqu'il avoit demandé le Greffier. M. le Commissaire le somma d'étendre la déclaration quil venoit de faire; mais il n'en voulut pas dire davantage. Ce Magistrat mit fin à cette vacation en faisant mettre *Navarro* au cachot avec les fers aux pieds, pour le contraindre à s'expliquer d'une manière plus précise.

93. [*Pièce 2. fol. 165.*] Le premier Février M. le Commissaire retourna à la prison, & parla à *Navarro*, qui lui dit, qu'il vouloit réformer ses déclarations, ainsi qu'il l'avoit déja annoncé. On le tira du cachot, on lui ôta ses fers, & en exécution de ce qu'il avoit offert, il dit :

Nouvelle Déclaration de Navarro.

94. » Que la vraie cause de la dénonciation » qu'il avoit faite à M. le Président, c'étoit les » instances continuelles que lui en avoit fait prin» cipalement le Pere *Michel de Benavente* : que » ce qui avoit porté ce Pere à faire rendre un » si mauvais service à *Baranchan*, c'est que lui » *Navarro* lui avoit dit, soit avant soit après le » départ du P. Isidore Lopez, que *Don Juan de* » *Baranchan* lui avoit fait entendre qu'il étoit allé » à l'Hôtel de M. *Don Philippe Codallos*; que ce » promenant dans le Cloître du Couvent de la Tri» nité avec *Don Joseph-Michel de Flores*, il avoit » vû que le Page de ce Seigneur étoit venu au » Convent de la Trinité, demander ledit *Baran*» *chan*; que ce *Baranchan* étoit lié d'une étroite

» amitié avec *Don Sylvestre Palomares* ; & qu'il » parloit fort mal des Jésuites. Il avoit dit au P. » *Benavente* une partie de ces choses avant l'exil du » Pere *Isidore Lopez* ; mais plus encore quinze jours » avant que le Déclarant fit sa dénonciation. Qu'il » se rappelloit, que quand il prononça le nom » de *Don Sylvestre Palomares*, le Pere *Benavente* » lui dit, cet homme est un de ceux qui ont été » déposer contre nous ; que dans une autre occa- » sion, le Pere *Benavente* lui apprit qu'il y avoit » aussi un Ecclésiastique Portugais qui avoit com- » ploté avec *Palomares* contre eux ; qu'on avoit » même entendu les dépositions de plusieurs fem- » mes. Le Pere *Benavente* lui dit encore que tous » ces gens-là avoient spécialement déposé contre » le Pere *Isidore Lopez*, le Pere *Giron*, & autres » qu'il ne lui nomma point, mais qui, selon lui, » souffroient tous bien injustement ; que dans cette » conversation & autres précédentes, il avoit dit » au Pere *Benavente* qu'il connoissoit *Don Juan de* » *Baranchan*, que c'étoit un garçon fort habile ; & » que, immédiatement après la sédition, on avoit » lû chez lui, comme on faisoit par-tout, les écrits » satyriques qui couroient alors : Que ce fut lui-mê- » me Déclarant, qui donna à *Baranchan* les lettres » adressées au Duc de *Hijar*, au Comte *d'Alta-* » *mira*, & au *Corregidor*, en le priant de lui en faire » une copie ; qu'il ne se souvient pas si *Baran-* » *chan* la lui a donnée ; que c'étoit lui même *Na-* » *varro*, qui avoit fait la copie qu'il lui porta de » ces lettres, & qu'il l'avoit faite dans la chambre » du Pere *Michel de Benavente*, sur une autre copie, » ou peut-être bien sur l'original même qu'avoit ce » Pere, & qui paroissoit être de son écriture qui » est fort menue ; que tout cela s'étoit passé avant » l'Ordonnance qui défend de garder des écrits » satyriques ; qu'au reste ledit P. *Benavente* ne lui » avoit pas dit qui étoit l'Auteur de ces lettres ; » mais qu'il présume qu'elles étoient l'ouvrage de » ce Pere lui-même, ou du Marquis de *Valdeflores*,

» qui venoit souvent voir ce Jésuite dans sa cham-
» bre, & qui étoit lié avec lui d'une étroite ami-
» tié; que ce Père lui avoit rapporté, à lui Dé-
» clarant, plusieurs choses qui concernoient ce Mar-
» quis, ses parens, ses sœurs, & leurs établisse-
» mens. Que le soir même où le Marquis fut ar-
» rêté, & avant qu'on l'eût pris, il avoit écrit au P.
» *Benavente*, au nom de la Marquise, qu'ils appel-
» loient la *Chacone*, un billet pour lui marquer,
» autant qu'il peut se le rappeller, que ladite Mar-
» quise ou *Chacone* étoit indisposée: Qu'il pouvoit
» dire que le lendemain de la publication de l'Or-
» donnance prohibitive des satyres & des écrits,
» lui Déclarant étoit allé à la chambre du Père
» *Robles*, qui est actuellement au *Port de Sainte-
» Marie*, & que ce Père lui apprit qu'on avoit affiché
» auprès de la Maison Professe, un Placard intitulé,
» le *Contre-Edit*, écrit en grandes lettres figurées;
» qu'il lui avoit dit de mémoire ce qu'il conte-
» noit; mais qu'il ne lui avoit pas montré cet
» écrit.

Déposition du Père Joseph Robles.

95. [*P. 4. F. 6. A.*] Le *Père Joseph Robles* cité & examiné par un Commissaire au Port de Sainte-Marie, dit, que depuis que Don NN. fut arrivé à *Buenos Ayres*, lui déposant avoit lié commerce avec *Don Benito Navarro*, qui, par cette raison, venoit le voir quelquefois: que bien qu'il ne se rappelle pas précisément le jour où l'on publia l'Ordonnance, pour défendre de composer & de garder des écrits satyriques, tels que ceux sur lesquels on l'avoit interrogé, il étoit néanmoins certain que *Navarro* étoit venu le voir en ce tems-là dans sa chambre, mais qu'il ne se ressouvient pas de lui avoir dit les choses mentionnées dans l'interrogat; d'autant plus que ses Supérieurs avoient défendu de parler de ces sortes de choses, & de garder de semblables écrits; qu'il a

un ſouvenir confus que c'étoit *Navarro* qui lui avoit parlé le premier d'un écrit ſatyrique, dont il rapporta, dans cette converſation, quelques expreſſions, qu'il trouvoit pleines d'eſprit; mais que lui Dépoſant ne les jugea dignes que de mépris. Sur différentes autres queſtions qu'on fit à ce témoin, pour découvrir quel pouvoit être l'Auteur de l'écrit dont il venoit de parler, il répondit toujours, qu'il n'en avoit point de connoiſſance.

Suite de la nouvelle Déclaration de Navarro.

96. [*Piéce 2, fol. 168.*]. Continuation de la Déclaration de *Navarro.* Il dit : « Que quatre ou cinq » jours avant la dénonciation qu'il fit à ſon Excel» lence Monſeigneur le Préſident, tems où il alloit » ſouvent dans la chambre du Père *Benavente*, pour » parvenir par ſon moyen à l'emploi qu'il deſiroit, » lui ayant appris que *Don Juan de Baranchan* avoit » été de la Congrégation des Ecoles Pies, ce Père » en prit occaſion de lui dire, qu'il pouvoit rendre » à la Compagnie un ſervice bien important, qui » ſeroit d'un grand ſecours pour quantité d'innocens » qui étoient actuellement dans la peine ». Le Déclarant lui ayant demandé ce que c'étoit que ce ſervice, le Jéſuite lui parla en ces termes : *Puiſque vous n'êtes point lié d'amitié avec* Don Silveſtre Palomares, *& que vous pratiquez beaucoup* Don Juan de Baranchan, *vous pouvez faire à Monſeigneur le Préſident une Dénonciation contre Baranchan; car il n'eſt pas douteux que lui & Palomares ont dépoſé contre nous. Par-là ſon Excellence ſe perſuadera que ceux qui ont dépoſé contre nous, ſont eux-mêmes les auteurs des Ecrits ſéditieux, & Elle verra que ce ne ſont que des canailles.* « Le Jéſuite preſſa donc vivement » le Déclarant d'aller chez M. le Préſident, & de » lui dire, que *c'étoit en ſa préſence que Baranchan* » *avoit fait les lettres au Duc de* Hijar, *au Comte* » *d'*Altamira, *& au* Corregidor ; *qu'il ne devoit pas* » *manquer d'ajouter que* Baranchan *s'étoit ſervi des*

» *Freres des Ecoles Pies*, *pour déguiser son écriture*, » *& de dire en même-temps à son Excellence tout le mal* » *qu'il pourroit de* Baranchan *& du Prêtre* Palomarès. » Comme le Déclarant se sentoit une grande répu- » gnance à faire une telle démarche, ce Père l'ex- » horta à revenir le voir, pour parler encore de » cette affaire. Il y retourna en effet plusieurs fois; » & dans toutes ces visites, le Père *Benavente* in- » sista pour qu'il ne perdît pas de temps à faire » cette dénonciation, *dont il ne pouvoit manquer de* » *résulter la plus grande gloire de Dieu*, *l'honneur de* » *la Compagnie*, *l'avantage de plusieurs*, *& qu'il* » *pouvoit la faire en conscience* ». Il ajouta « que si » la robe qu'il portoit lui permettoit de faire lui- » même cette dénonciation, & d'espérer qu'il seroit » cru, il n'en céderoit pas la gloire à un autre. Il » cita ensuite quelques passages latins, entre autres » celui-ci : *Majorem caritatem nemo habet ut animam* » *suam ponat quis pro amicis suis* (1). Comme, » malgré tout cela, le Déclarant ne pouvoit se » rendre aux exhortations que le Jésuite lui fit » pendant les quatre ou cinq jours dont il a parlé, » & qu'il y résistoit, ce Père le mena un jour dans » la chambre du Père *Ignace Gonzalez*, à qui, en » entrant, & le montrant du doigt, lui *Navatro*, il » dit : *il ne veut point aller*. Le Père *Ignace Gonzalez* » étoit si bien instruit de tout, que, sans autre ex- » plication, il parla ainsi au Déclarant : *Allez*, *mon* » *cher*, *fiez-vous à moi ; il ne vous en arrivera au-* » *cun mal*, *& s'il est besoin*, *je rendrai à Son Ex-* » *cellence un bon témoignage de vous*. Ce Père le » poussa encore plus vigoureusement par d'autres » propos. Cependant le Déclarant ne pouvant » vaincre ses répugnances, dit à ces deux Jésuites : » *Mais si quelqu'un de vos Pères pouvoit venir avec* » *moi*, *& me présenter à Son Excellence ?* Il indiqua même le Père *Martinez*, parce qu'il alloit quelque- fois voir Son Excellence. *Cela ne convient pas*,

(1) Joann. 15, 13.

» reprit le Père *Ignace Gonzalez ; il vaut mieux que* » *vous y alliez seul.* Voilà comme le Déclarant se » laissa persuader d'aller faire la dénonciation, dans » laquelle il avoue qu'il a grièvement offensé la » vérité, en dénonçant à Son Excellence *Don Juan* » *de Baranchan* comme Auteur des Lettres & » Ecrits dont il y est fait mention, ainsi que du » Placard intitulé : *Contre-Edit*, & des autres griefs » exprimés dans cette fausse dénonciation. Qu'il » doit encore déclarer, que le même jour qu'il » fit la dénonciation, il revint tout de suite de » l'Hôtel de Son Excellence à la chambre du Père » *Benavente*, où il prit du chocolat, & lui fit le ré- » cit de tout ce qui s'étoit passé chez M. le Président ; » lui dit que Son Excellence l'avoit interrogé au » sujet d'un Ecrit intitulé : *Le Tribun du Peuple*, » & qu'il lui avoit répondu qu'il ne l'avoit pas vu. » Alors le Père *Benavente*, en souriant, lui dit : » *Vraiment oui, cet Ecrit est un de ceux desquels on* » *cherche à découvrir les Auteurs.* Le Déclarant » ayant dit ensuite que Son Excellence lui avoit » ordonné de revenir le lendemain au soir, le » Père *Benavente* lui répondit : *A merveille ! il* » *faut que vous disiez à Son Excellence, que si l'E-* » *crit intitulé :* Le Tribun du Peuple, *dont Elle* » *vous a parlé, est un Ecrit qui contient des Instruc-* » *tions pour les Confesseurs des Princes, & sur ce qui* » *peut résulter de la défense qu'on a publiée, de lire &* » *de composer des Satyres & des Ecrits séditieux,* » *vous l'avez aussi vu entre les mains de* D. Juan de » Baranchan. Dans la vérité, le Déclarant n'avoit » jamais vu cet Ecrit entre les mains de *Baranchan*, » ni d'aucun autre. Qu'il se souvient encore d'a- » voir dit précédemment au P. *Benavente*, que *D.* » *Juan de Baranchan* lui avoit montré un requisitoire » de M. le Proc. Général *Campomanes*, contre les » *chapeaux rabattus & les déguisemens* (1). Que pour

(1) C'est ce qui avoit fait nommer les séditieux *Los embozados*, les emmîtouflés.

» obéir à l'ordre que Monseigneur le Préſident lui » avoit donné, il étoit retourné chez Son Excel« lence, & qu'il lui avoit dit tout ce que le Père » *Benavente* lui avoit recommandé; qu'il étoit re« venu le ſoir trouver ce Jéſuite dans ſa chambre » pour lui raconter tout ce qu'il venoit de dire à » Son Excellence, & que cette fois-là le Père » lui recommanda de ſe retirer du Collége, parce » que ſûrement on auroit mis des eſpions à ſes » trouſſes. La même recommandation lui fut faite » ce ſoir-là ou le lendemain par le *Pere Ignace* » *Gonzalez*. En effet, s'étant apperçu les jours » ſuivans qu'il étoit mouché, il alla de nuit au Col» lége & à la chambre du *Père Benavente*, pour » lui en donner avis, avec le ſignalement de la mou» che dont on le faiſoit ſuivre; c'étoit un jeune » garçon de treize à quatorze ans, mal vêtu, qui » paroiſſoit être une eſpèce de marmiton. Il en aver» tit le *Père Ignace Gonzalez* dans la galerie du Se» cretariat des Conſuls Royaux du Perou. Ce Père » lui fit entendre que le P. *Benavente* le lui avoit déja » dit: & tous les deux lui dirent de n'avoir point » d'inquiétude tant qu'ils étoient préſens. Après » qu'il eût fait la dénonciation dont il s'agit, le » Père *Benavente* lui écrivit un billet, pour lui de» mander ſi elle avoit eu quelque effet; ce qui » vouloit dire, s'il y avoit eu des ordres donnés » contre *Don Juan de Baranchan*, & *Don Silveſtre* » *Palomares*, à qui ce Père en vouloit le plus. » Auſſi-tôt qu'il eut lû ce billet, il le déchira: » il lui avoit été apporté par un garçon (1), qui » ſert ce Père, & à ce qu'il croit, le Père *la* » *Sarte*; mais il n'en peut dire le nom, parce » qu'il ne le ſait pas. Ce garçon, qu'il reconnoîtroit » s'il le voyoit, vint dans un autre après midi pour » lui parler de la part du Père *Benavente*, mais ne » l'ayant pas trouvé chez lui, où étoit ſeulement

(1) Malgré toutes les recherches qu'on a faites de ce garçon, on n'a pû le trouver.

» sa servante, il ne dit point dequoi il s'agissoit ; » il l'a sçu depuis par le Pere *Benavente* lui-même : » il lui dit qu'il l'avoit envoyé prier par ce garçon » de venir lui parler au Collége, où il étoit de» meuré exprès cet après-midi.

Déposition de Manuelle Rodriguez.

97. [*Pièce 2, fol. 179.*] *Manuelle Rodriguez*, servante de *Navarro*, dit qu'environ un mois avant la prison de son maître, un homme vint un soir le demander ; qu'étant seule à la maison, elle n'ouvrit point la porte, de maniere qu'elle ne vit pas cet homme, lequel ne dit pas ce qu'il vouloit, ni de qu'elle part il venoit. Elle sait seulement que le jour d'auparavant on étoit encore venu le chercher ; mais qu'elle ne savoit pas si son maître avoit des connoissances au Collége Impérial, ni s'il y alloit, & qu'elle n'avoit vu chez lui aucun Jésuite (1).

Continuation de la nouvelle déclaration de Navarro.

98. *Navarro* continuant sa déclaration dit : » qu'é» tant ami de *Don Juan de Olavarrieta*, & de *Don* » *Juan de Telleria*, il leur avoit dit plusieurs fois & » en différens endroits où il s'est trouvé avec eux, » comme à *Olavarrieta* dans sa maison, & à *Telleria* » dans la Place, qu'il avoit une mouche à sa suite, » qu'il la leur avoit montrée ; qu'il confia à l'un » & à l'autre, qu'il avoit fait une dénonciation en » faveur des Jésuites, qu'en conséquence on le » faisoit suivre, pour voir s'il alloit au Collége » Impérial. Qu'il se ressouvenoit que la première » mouche qu'on avoit mis à sa suite, étoit un » homme portant manteau & assez bien vêtu ; que » cet espion étoit un jour venu heurter à sa porte, » & demander *Don Benito Navarro* ; qu'étant venu » sçavoir ce qu'il lui vouloit, cet homme lui

(1) Le texte porte *Teatino*, c'est ainsi que le petit peuple appelle les Jésuites en Espagne.

» avoit demandé s'il ne vendoit pas de la terre
» des Indes (1), & qu'il lui avoit répondu que
» non.

Seconde Déposition de Don Juan-Angel de Olavarrieta.

99. [*P. 2. fol. 176.* [*D. Juan-Angel de Olavarrieta*, cité sur ce que *Navarro* venoit d'en dire, déposa que le Lundi (Saint) second jour de l'émeute, *Navarro* étoit l'après diner chez lui Témoin ; qu'il y étoit encore venu le lendemain matin, qu'il en sortit sur le midi, disant qu'il alloit diner ; qu'il étoit encore chez lui, Déposant, environ un mois avant sa prise, & qu'il lui dit : » vous ne sçavez peut-être pas qu'on » m'a fait présent d'un Page ? Que lui Déposant lui » ayant demandé ce qu'il vouloit dire, il lui avoit » montré un homme fort mal vêtu ; mais que lui » Témoin n'y fit pas grande attention, & qu'il ne » se souvenoit point si ce fut dans cette occasion, » ou dans quelqu'autre, qu'il lui dit qu'il avoit fait » une dénonciation ; mais qu'il se rappelloit qu'un » jour *Navarro* étant à l'entrée de la nuit dans sa » boutique, lui dit qu'il étoit tems qu'il allât chez » Son Excellence Monseigneur le Président ; que » la-dessus lui Déposant lui ayant demandé ce qu'il » y alloit faire ? *Navarro* lui avoit répondu que » c'étoit pour parler à Son Excellence, & qu'il y » alloit de son propre mouvement.

Déposition de Don Juan de Telleria.

100. [*Fol. 177. A.*] *D. Juan de Telleria*, nommé aussi par *Navarro*, a attesté que l'ayant rencontré aux Parois de *Guadalajara*, il lui dit qu'on lui avoit donné un Page ; que lui Déposant n'entendant pas ce qu'il lui vouloit dire, le lui demanda, & que *Navarro* lui avoit répondu, que depuis quelques

(1) *Barros de Indios*, c'est une terre rougeâtre & odoriférante qui vient du Paraguai, dont les Jésuites faisoient grand commerce, & dont on fait en Espagne des tasses, des gobelets & autres vases à boire.

jours il étoit suivi par un petit garçon en culottes blanches & petite veste noire à rezeaux ; que lui Déposant n'appercevant point ce petit espion, *Navarro* lui fit faire quelques pas en arriere, le convainquit de la vérité de ce qu'il lui avoit dit ; que lui Déposant faisant quelques réflexions là-dessus, avoit dit à *Navarro*, que ce ne pouvoit pas être par ordre du Gouvernement qu'il étoit ainsi mouché, & que si on les vouloit faire arrêter l'un & l'autre, on n'avoit pas besoin de prendre tant de peine ; qu'il croyoit que c'étoit bien plutôt quelque ruse de femme, qui lui en vouloit ; que *Navarro* lui ayant répondu que cela ne pouvoit pas être, lui Déposant avoit répliqué, qu'il ne feroit pas mal d'en avertir Son Excellence ; que *Navarro* lui dit qu'il comptoit le faire ; que bien du tems après il lui dit qu'il l'avoit fait ; qu'à cette occasion il lui fit de grands éloges de la bonté & de la politesse de ce Seigneur : il ajouta, que parlant à Son Excellence d'une certaine affaire qui concernoit les Jésuites, il lui avoit déclaré que tout ce que lui avoient insinué à cet égard l'Avocat *Florès* ou son Clerc, étoit absolument faux ; que le Déposant n'avoit pas bien présent lequel des deux il avoit nommé.

Continuation de la déposition de Navarro.

101. [*Pièce 2, fol. 172, A.*] *Navarro* continuant sa déclaration, dit « qu'il se ressouvenoit très-bien » que touché de repentir d'avoir fait sa déclaration, » & plein d'inquiétude de se voir mouché, il en » avoit marqué sa peine au Père *Ignace Gonzalez*, » qui, pour le tranquilliser, lui dit que si M. le » Président venoit à lui en parler, il lui répondroit » que *Navarro* ne venoit au Collège Impérial que » lorsqu'il avoit reçu des lettres des Indes ; qu'il » avoit même déja averti un Commissaire des » Guerres, nommé *Villeneuve*, d'en répondre à » Son Excellence, si elle lui faisoit quelques quef-

» tions ſur ſon conte, parce que ce Villeneuve a » été Commiſſaire dans les Indes ».

Dépoſition de Don Joſeph de Villeneuve.

102. [*Pièce 2, fol. 195.*] *Don Joſeph de Villanueva*, Commiſſaire des Guerres, a nié ce que *Navarro* avoit dit de lui. Il dit » qu'il ne le con» noiſſoit que pour l'avoir vu pluſieurs fois dans la » chambre du Père Ignace Gonzalez; qu'ayant de» mandé à ce Pere, qui étoit ce *Navarro*, & pour» quoi il étoit venu de *Buenos-Ayres*, ce Jéſuite lui » avoit répondu qu'il n'en ſçavoit rien, & que cet » homme l'ennuyoit beaucoup en venant ſi ſouvent » dans ſa chambre. Ce témoin ajouta que ſur la fin » de l'année derniere 1766, ſans pouvoir dire pré» cisément le jour, il avoit vu *Navarro* au Collège » Impérial ».

Continuation de la déclaration de Navarro.

103. [*Pièce 2, fol. 172. A.*] *Navarro* ajouta » que » deux ou trois jours après que l'Abbé *Hermoſo* » & autres eurent été arrêtés, *Don Franciſco Creſpo* » lui avoit dit que le ſoir avant ces captures, *Don* » *Philippe Codallos* avoit dit chez lui à *Dona Joſe-* » *pha Creſpo*, ſa nièce : Comment ton mari (c'eſt » *Don Sébaſtien Pinuélas*) n'eſt-il pas venu aujour» d'hui me dire des nouvelles? & qu'il avoit ajouté : » Il pourra bien venir m'en dire demain. Les captu» res ayant donc été faites, on conjectura que ledit » *Don Philippe Codallos* en avoit bien pu ſçavoir » quelque choſe. *Don Franciſco Creſpo* en prit occa» ſion de le faire expliquer : Il paroît bien, lui dit» il, que M. *Don Philippe* a quelque connoiſſance » de cette commiſſion. Le Déclarant ne manqua pas » de donner avis de ceci, auſſi-bien que de l'en» levement de l'Abbé *Hermoſo*, & des autres, au » P. *Benavente*; mais il ne doute point que les Peres » dudit Collège n'en ſçuſſent beaucoup plus qu'il

» n'en avoit appris. Il déclare encore que ce qui » l'a déterminé à faire à Son Excellence (dont il » implore les bontés) une dénonciation où la vé- » rité est offensée, ainsi qu'il le confesse & qu'il » l'a déja fait dans ses précédentes déclarations, » ce sont les protestations réitérées que lui ont fai- » tes le Père Benavente avec beaucoup de force, » & le Père Gonzalez un peu plus modérément, » que *la Compagnie avoit le plus grand intérêt à ce* » *que cette dénonciation fût faite*; que pour l'en » convaincre, le Père *Benavente* lui fit valoir tou- » tes les raisons qu'il a précédemment touchées, » & quantité d'autres qu'il ne se rappelle pas; qu'il » demanda au Père *Benavente* s'il ne suffiroit pas » qu'il fît cette dénonciation devant M. *Codallos*; » mais que ce Père s'y opposa, disant que cela ne » convenoit pas, que bien des raisons exigeoient » qu'elle fût faite devant M. le Président; qu'il y » en avoit même de conscience, qui devoient dé- » terminer à prendre ce parti : que quoique le » Déclarant y répugnât toujours, attendu qu'il » n'avoit ni sçu ni vu que *Don Juan de Baranchan* » fût Auteur des lettres dont est question, non plus » que du placard le *Contre-Edit*, *ni de l'instruction* » *pour les Confesseurs des Princes*; le même Pere » avoit toujours persisté à presser le Déclarant à » faire la dénonciation, lui disant qu'il *étoit plus* » *convenable qu'un seul souffrît que toute la Compa-* » *gnie*; ce qui, ajoutoit-il, est d'autant plus juste, » que c'est *Baranchan*, *Don Silvestre Palomares* & » autres gens de cette espèce, qui sont cause de ses » peines; enfin, qu'il n'y avoit pas de meilleur » moyen pour détromper Son Excellence: Qu'au » reste lui Déclarant ignoroit si les écrits dont il » s'agit, ont été, en tout ou en partie, composés » dans le Collège Impérial ou par quelqu'un des » Pères de la Compagnie; qu'il soupçonnoit que » les lettres adressées au *Duc de Hijar*, au *Comte* » *d'Altamira* & au *Corregidor*, ainsi que le *Contre-* » *Edit*, pouvoient bien avoir pour Auteur le *Mar-*

» *quis de Valdeflores*; que ce qui fonde son soupçon, c'est que s'entretenant avec le P. *Benavente* » sur l'emprisonnement de ce Marquis, il lui dit » qu'il pourroit bien s'être attiré cette disgrace par » les vives représentations qu'il avoit fait au Roi » sur la rigueur avec laquelle on avoit exigé le » droit de demi-annate pour l'expédition de ses » Lettres (1); que ces représentations étoient un » fait qu'il tenoit du Libraire *Esparza*, à qui *Don* » *Antonio Pizor* l'avoit raconté : Qu'alors le Pere » *Benavente* lui répondit en se mocquant : N'en » croyez pas un mot, je sçai parfaitement les affai- » res du Marquis : Que cette réponse donna lieu au » Déclarant d'imaginer que ce Seigneur étoit l'Au- » teur des écrits en question : que quant à celui qui » est intitulé : *le Tribun du Peuple*, il ne sçavoit ni ne » conjecturoit même qui en étoit l'Auteur ; que tout » ce qu'il en pouvoit dire, c'est que quand il ren- » dit compte au Père *Benavente* de la question que » M. le Président lui avoit faite au sujet de cet » écrit, ce Jésuite lui avoit dit qu'il le connoissoit » bien. Qu'il ne pouvoit dire non plus, qu'aux jours » de l'émeute il eût vu le Père *Isidore Lopez* à la » porte du Collège Impérial ; mais qu'il se ressou- » venoit bien que passant par le College le soir » du Lundi-Saint, il avoit rencontré un Officier, » ou Trésorier de Marine, appellé *Altolaguirre*, » neveu d'un Jésuite du même nom, qui est mort ; » que lui ayant demandé s'il y avoit un nouveau » Ministre, cet Officier lui répondit que le Mar- » quis *de la Ensenada* étoit désigné ou nommé.

Déposition de Don Juan de Altolaguirre.

104. [*Fol. 183. A.*] *Don Juan de Altolaguirre*,

(1) La demie annate est la moitié des revenus d'une année des Bénéfices Ecclésiastiques. Elle s'étend aussi sur les titres, emplois, graces & dignités que les Rois d'Espagne accordent; mais ils en font grace à qui il leur plaît, surtout quand ce sont des titres honoraires qui ne rapportent aucun revenu.

Trésorier de Vaisseau, a dit qu'il croyoit, sans pourtant en être bien assuré, que *Navarro* pouvoit lui avoir fait la question dont il a parlé, & lui-même avoir fait la réponse qu'il lui impute; d'autant plus qu'il est vrai qu'allant vers la place, le jour dont a parlé *Navarro*, il avoit entendu nombre de gens qui disoient qu'on avoit nommé *Don Zenon* (1); sans pourtant qu'il pût dire d'où sortoit ce cri, ni quelle raison on avoit eu de crier ainsi. Il dit que ces jours-là il n'alla point au Collége Impérial, & qu'il n'avoit jamais été ami de *Navarro*, qu'il ne le connoissoit que pour l'avoir vû chez *Don Juan de Telleria*.

Continuation de la Déclaration de Navarro.

105. [*Fol. 175.*] *Navarro* continua, disant » que si (dans la dénonciation qu'il a fait à M. le Président) il a parlé d'une liaison entre Don *Juan de* » *Baranchan*, & le neveu du Référendaire *Alarcon*; » s'il a ajouté que *Baranchan* lui avoit dit qu'il comp» toit se servir de cet ami pour répandre les écrits » & les lettres séditieuses; que *Don Francisco Lla*» *nos* lui rendoit compte des ordres qu'on expé» dioit dans le Secrétariat de la Présidence: ce sont » autant de fausses suppositions qu'il n'a fait que » pour rendre plus frappante & plus croyable la » dénonciation que le Père *Benavente* l'avoit char» gé de faire; que ce Père devoit être bien au fait » de tout le mystère, puisqu'il lui avoit fait si exac» tement sa leçon sur tout ce qu'il devoit dire, sur » la manière dont il devoit s'y prendre, sur le détail » & toutes les circonstances qu'il y devoit faire » entrer; qu'aussi lui assuroit-il que, comme la dénon» ciation que lui déclarant avoit faite au Tribunal » de l'Inquisition, des œuvres de *Machiavel*, avoit » eu son effet, celle qu'il feroit contre *Baranchan*, » avec toutes ces circonstances, ne manqueroit pas

(1) C'est le Marquis *de la Ensenada*.

» d'avoir le même ſuccès ». *Navarro* ajouta à tout ceci » qu'il n'avoit dit la vérité que dans le conte-» nu de cette nouvelle déclaration, & que tout » ce qui ſe trouvoit de contraire dans les premiè-» res, étoit abſolument faux. Il dit encore qu'il » avoit fait voir au Père *Benavente* pluſieurs let-» tres de Don N. N. comptant les montrer à M. le » Préſident, mais que le Jéſuite n'en choiſit que » deux, en lui diſant : Il ſuffit que vous montriez » ces deux lettres-ci à ſon Excellence. Il eſt im-» portant qu'Elle les voye, parce qu'on y parle » de diverſes paſquinades qu'on a faites contre » vous à *Buenos Ayres*, à cauſe des conſeils que » vous donniez à Don N. N., de mépriſer » nos ennemis. Vous ferez voir par ce moyen » à Son Excellence, de qu'elle manière ce Gé-» néral ſçavoit ſe conduire en ſemblables affai-» res. Le Déclarant ſe conforma à cet avis dans » la ſeconde converſation qu'il eut avec M. le « Préſident. Il lui préſenta les deux lettres que le » Père *Benavente* lui avoit conſeillé de montrer; » Son Excellence en prit lecture & les lui ren-» dit.

Continuation de la déclaration de Navarro.

106. [*Pièce 2. fol. 180.*] Le 4 Février de cette préſente année, *Navarro* continua ſa déclaration. Après avoir confirmé tout ce qui y eſt contenu, il ajouta : » Que dans une courſe de Taureaux » qui s'étoit faite à la porte d'*Alcala*, un Officier » des Invalides, appellé *Caſtejon*, employé au quar-» tier des Brodeurs, lui avoit dit, que ſes ſol-» dats avoient arraché le placard intitulé *Contre-» Edit*, & qu'il avoit couru après un homme yvre, » pour l'arrêter, parce qu'il avoit voulu s'y op-» poſer «. Pour détailler encore plus cette déclara-tion, il dit : » Qu'il avoit entendu les Pères » *Michel de Benavente* & *Ignace Gonzalez*, dire » que la Compagnie étoit perſécutée, & que l'on

» ne faisoit plus aucun cas de ceux qui en sui-
» voient la doctrine ; que ce propos le détermina,
» lui Déclarant, à écrire à son beau-frere, *Don
» Juan de Nava*, de retirer son fils du Collège de
» la Compagnie, parce que moi-même, marquoit-
» il, j'éprouve beaucoup de difficulté pour réussir
» dans mes affaires, à cause que je suis attaché à
» leurs sentimens, & que je les fréquente : que ce
» fut après avoir fait la dénonciation, qu'il écrivit
» cette lettre.

Il déclara en outre, » que le Lundi & le Mar-
» di saint, il remarqua généralement chez tous
» les Pères du Collège Impérial, & particu-
» lièrement dans la chambre du Père *la Sarté*,
» une grande joie & un plaisir singulier de l'é-
» meute du Peuple : qu'il entendit de ses pro-
» pres oreilles le Père *Cerda* dire ces paroles :
» Quel besoin le Roi a-t-il d'une Garde Walo-
» ne ? Que ne prend-t-il plutôt une Garde Amé-
» ricaine ? Par ce moyen il pourroit avoir à sa Cour
» la principale Noblesse de ce Royaume-là (1).
» Que quand on apprit le Mardi Saint le départ du
» *Marquis de Squillace*, il entendit le Père *Bena-
» vente* dire que cela étoit très-bien fait ; mais que
» si l'on ne chassoit pas aussi le Confesseur du Roi (2)
» & si l'on ne rompoit pas le Pacte de famille (3),
» il n'y avoit rien de fait encore.

Navarro dit encore : » que le Père *Ignace Gon-
» zalez* lui avoit donné *l'Apologie de l'Institut de la
» Compagnie*, dont il a depuis fait présent à *Don Jo-
» seph Rubio*, ci-devant Capitaine d'Infanterie,
» pour lui témoigner sa reconnoissance du don que

(1) C'étoit du Paraguai que ce Jésuite parloit, & dont il auroit voulu tirer la garde qu'il prétendoit donner au Roi, afin que Sa Majesté fût entre les mains des esclaves des Jésuites.

(2) Le Confesseur du Roi est un Pere Récollet d'un très-bon esprit & d'une doctrine très-opposée à celle des Jésuites.

(3) Tout le monde sçait que le Pacte de Famille est une alliance offensive & défensive, faite il y a quelques années entre tous les Souverains de la Maison de France.

» cet Officier lui avoit fait d'un plan ou arbre » généalogique de l'état actuel de la Compagnie » dans chaque Royaume ; qu'il avoit aussi donné » à cet Officier un exemplaire de la Lettre Pasto- » rale de l'*Archevêque de Paris*, qu'il tenoit d'un » nommé *Serrano*. Qu'à l'égard des lettres au Duc » de *Hijar* & du placard intitulé, *Contre-Edit*, le » style de ces pièces l'avoit convaincu, qu'elles sont » l'ouvrage du Marquis de *Valdeflores*, même de » concert avec le P. *Benavente*, parce qu'ils étoient » tellement amis, qu'ils se voyoient tous les soirs. » Qu'il a entendu le Père *Ignace Gonzalez* se plain- » dre des ordres du Gouvernement, notamment » de la *Junte* ou Commission nommée dans l'af- » faire des Dixmes contre les Eglises des Indes » (occidentales) ; que ce Père disoit, qu'on n'a- » voit choisi pour Commissaires dans cette cause » que des Juges ennemis de la Compagnie, & du » Père Trinitaire parce qu'il avoit déchiré le Ge- » rundio (1) ; & que dans ce procès sur les dixmes, » la Sentence qu'on avoit imprimée n'étoit pas con- » forme à la minute. Ces deux Pères disoient » qu'on n'osoit plus écrire, parce qu'on intercep- » toit les lettres : Que depuis la sédition, le Dé- » clarant avoit remarqué chez les Jésuites beaucoup » d'inquiétude & un extrême empressement de sça- » voir les nouvelles & les mesures que prenoit » le Gouvernement, relativement aux effets de la » sédition & à ses suites ; que pour preuve du soup- » çon que les Jésuites du Collège Impérial avoient, » qu'on interceptoit les lettres, il pouvoit dire qu'en- » viron un mois après le tumulte, le Père *Ignace* » le chargea de lui procurer la facilité d'envoyer à » Rome par *Don Victorien Azpuru* (2), une lettre qu'il

(1) Le Gerundio est un Roman satirique contre les mauvais Prédicateurs, comme le Don Quichotte contre les mauvais Romans de Chevalerie.

(2) Don Victorien Azpuru est convenu de ce fait, mais en disant que cette lettre, à ce qui lui sembloit, ne lui fut remise qu'après la sédition, & qu'il ne se souvenoit point à qui elle étoit adressée ; en effet Navarro ne l'a pas dit.

» lui remit ; qu'il fit cette commission, & procura » par-là à ce Père le moyen d'entretenir sa cor- » respondance. Qu'il avoit encore remarqué que, » toutes les fois que la conversation tomboit sur la » sédition, dans la chambre du Père *Benavente*, » soit avec lui Déclarant, soit avec des Cadets ou » Officiers des Gardes & autres personnes qui ve- » noient le voir, ce Jésuite prenoit toujours le » parti du Peuple ; que dernierement il disoit : je ne » sçai pourquoi on parle de nous à l'occasion de » cette émeute, pendant laquelle nous avions exposé » le Saint Sacrement ; & qu'une autre fois il lui » avoit entendu dire, qu'il n'y avoit que la Garde » Espagnole, la Noblesse & les *Jésuites* qui s'étoit » mal tiré de cette sédition.

Déposition de Don François Serrano.

107. [*Piece 2, fol. 189.*] *Don Francisco Serrano*, Clerc tonsuré, dont *Navarro* avoit parlé, ayant été cité, certifia que ce que *Navarro* avoit dit de lui étoit véritable ; que l'exemplaire de la Lettre Pastorale de *l'Archevêque de Paris* lui avoit été donnée par le Père *Benavente*, dans sa chambre, un matin qu'il l'étoit allé voir, & qu'il y avoit beaucoup d'autres écrits de cette nature chez ce Père ; qu'il ne se souvenoit pas en quel endroit, ni chez qui il l'avoit donné à *Navarro* ; mais qu'il sçavoit bien que ce fut parce qu'il l'en pria, après une conversation qu'ils eurent sur cette Lettre Pastorale : Qu'il y avoit quatre ans qu'il connoissoit *Navarro*, pour l'avoir vu chez M. *Codallos*, chez *Don Juan Crespo* & chez la fille de ce dernier : Qu'il n'avoit en son pouvoir aucun exemplaire imprimé de *l'Apologie de l'Institut de la Compagnie* ; mais que lui ayant été prêtée par la veuve de *Don Joseph de Veitia*, il l'avoit lu manuscrite ; qu'il ne sçavoit point si *Navarro* étoit lié d'amitié avec quelqu'un des Pères de la Compagnie ; mais qu'il l'avoit vu une fois dans la chambre du Père *Benavente*.

Déposition de Madame Veitia.

108. [*Pièce 2. fol 192.*] *Marie-Anne Salazar*, veuve de *Don Joseph Veitia*, que *Navarro* avoit aussi nommée, certifia qu'il y avoit trois ans qu'on prêta à son mari, (elle ne dit point qui) *l'Apologie de l'Institut des Jésuites*, en deux petits tomes François ; que pour la mieux entendre il se mit à la traduire, en fit même copier le commencement par la Déposante, & la suite par *Don Francisco Serrano* & autres ; que son mari étant venu à décéder après avoir achevé cette traduction, *Serrano* la lui emprunta ; que quoiqu'elle n'eût fait que la lui prêter, il ne la lui avoit point encore rendue ; que la déposante n'a point lu l'imprimé qui a également pour titre, *Apologie de l'Institut des Jésuites ;* qu'elle avoit oui dire en général, qu'on en connoissoit le Traducteur. Qu'elle n'avoit jamais été liée d'amitié avec *Navarro* ; mais qu'il lui sembloit qu'il étoit venu voir une fois son mari, il y a environ six ans, & que depuis ce tems-là elle ne l'avoit vu que dans les rues.

109. [*Pièce 2, fol.* 193.] Le lendemain de cette déposition, il se fit un acte par lequel il appert que *Dona Marie-Anne Salazar* a fait remettre, par un particulier se disant son cousin germain, à M. le Commissaire, le manuscrit dont elle avoit parlé dans sa déposition, lequel est composé de dix cahiers *in*-4°. contenant tout l'ouvrage en deux parties, dont voici le titre :

110. [*Pièce 3, nomb. 6.*] » Apologie générale » de l'Institut & de la Doctrine des Jésuites : » Seconde édition. A Lauzane, chez François » Grasset, Imprimeur & Libraire, 1763, traduite » du François par un bon Espagnol, ami de la vé» rité & de la justice, qui, sans être Religieux de » la Compagnie, est un fils respectueux de son » Institut, & un zélé disciple de sa Doctrine.

Seconde Déposition de Don François Serrano.

111. [*Pièce 2. f. 197.*] *D. Francisco Serrano*, mandé

une seconde fois en conséquence de la déposition précédente, dit, que depuis sa première comparution, ayant fait ses réflexions il s'étoit rappellé qu'en effet il avoit eu en sa possession les deux petits tomes dont avoit parlé la *Dona Maria*; mais qu'il les avoit remis à un homme qu'il ne pouvoit nommer, qui avoit été chargé par *Navarro* de les lui demander, & de les remettre, à ce qu'il croit, au Père *Benavente*.

112. Après l'expédition de ces actes, M. le Commissaire donna son ordonnance pour faire comparoître de nouveau *Baranchan*, & l'examiner sur ce qui résultoit de la seconde déclararion de *Navarro*.

Second interrogatoire de Baranchan.

113. [*Pièce 3, fol. 88.*] Interrogé s'il savoit que *Navarro* eût appris quelque chose au sujet d'un placard ou d'une pasquinade qu'on avoit trouvé à la porte de *Guadalajara*, ou au voisinage de la Maison Professe?

Il répondit, que *Navarro* lui avoit rapporté qu'un jour des combat de taureaux, dont il ne lui avoit pas dit la date, il avoit eu conversation avec un Officier d'Invalides, commis au quartier de la Maison Professe, lequel lui avoit appris qu'on avoit affiché une pasquinade ou écrit séditieux à la porte de *Guadalajara*, & qu'au moment ou le Guet l'arrachoit, un cocher à moitié yvre avoit voulu l'empêcher; qu'on avoit arrêté ce cocher, & qu'on l'avoit conduit au corps de garde. *Baranchan* ajoute que *Don Benoît Navarro* lui avoit fait lire la traduction Espagnole d'une lettre qui avoit été faite en François par l'*Archevêque d'Auch*, laquelle est une invective contre la conduite qu'ont tenue les Parlemens de France dans l'expulsion des Jésuites; qu'il lui avoit aussi donné à lire deux petits tomes *in*-8°., traduction Espagnole, intitulés, *Apologie de l'Institut de la Compagnie*, dans laquelle l'Auteur déclame fortement contre les ennemis de la Société; que *Navarro* lui avoit dit que ces Ecrits lui avoient été donnés par le Père *Gonzalez*; qu'il paroissoit que l'édition en eût été faite dans le Collége de *Villagarcia*; que néanmoins elle étoit demeurée toute entière au pouvoir du *Père Lopez*; que *Don Benito* l'avoit ainsi assuré au Déposant & à *Flores* son maître; qu'à cette occasion *Flores* pria *Navarro* de lui en procurer un exemplaire, ce qu'il fit, mais en lui disant qu'il avoit eu beaucoup de peine à l'avoir, jusques-là qu'il avoit été obligé de dire que c'étoit pour un zélateur de la Compagnie. Qu'il se rappelle encore bien précisément, que s'entretenant un jour avec *Don Benito* sur les affaires des Jésuites, celui-ci lui raconta qu'il avoit su par ses confidens de la Compagnie, que le Général de la Merci avoit écrit une lettre circulaire à plusieurs Couvens de son Ordre, pour leur recommander la Compagnie, en ordonnant à ses Religieux de regarder les Jésuites comme leurs freres, de leur donner du secours dans les persécutions qu'ils souffroient, & qu'il les avertissoit que la même chose ne manqueroit pas d'arriver aux Religieux de la Merci, si les affaires ne changeoient pas de face. *Baranchan* dit encore que *Navarro* lui avoit rapporté qu'on lui avoit dit chez les Jésuites, qu'à Rome on craignoit de voir incessamment éclater la persécution qu'on ne faisoit encore qu'en secret aux Jésuites; qu'on commenceroit par eux, mais qu'après on attaqueroit les autres Ordres réguliers, pour les réduire tous à l'état le plus malheureux, & même pour les éteindre totalement. Que *Navarro* lui avoit ajouté que cette nouvelle, venue de Rome, avoit été confirmée par les discours d'un Religieux Déchaussé de la Trinité ou de la Merci, qui arriva de Rome l'année derniere 1766, où, selon lui, on disoit qu'on n'avoit commencé la guerre contre la Compagnie, que pour la continuer contre les autres Religieux. Que *Navarro* lui a dit aussi, que depuis la sédition, les amis du Marquis de *Valdeflores* au Collége Impérial, se ressentoient de sa disgrace ; qu'ils ne recevoient presque plus de visites, ou n'en recevoient que de nuit, dans la crainte d'avoir part à leurs persécutions. Qu'enfin il se ressouvient que *Navarro* lui avoit encore dit que c'étoit à *Villagarcia* qu'on avoit imprimé une collection de tous les écrits faits pour les Jésuites, depuis que la persécution avoit commencé contr'eux, quoiqu'au frontispice on eut mis faussement *Barcelone* pour le lieu de l'impression.

114. Le contenu de cette déclaration de *Baranchan* donna lieu d'ordonner que *Navarro* seroit encore entendu.

Déclaration de Navarro.

115. Interrogé s'il connoissoit, ou s'il avoit dit avoir lu & tenu en sa possession, une lettre du Général de la Merci, dont il avoit été fait mention dans la précédente déclaration ?

Il répondit, « qu'il n'avoit nulle connoissance » de cette lettre, qu'il ignoroit qu'elle eût été » écrite ; mais qu'il pouvoit bien certifier que *Don* » *Victoriano Azpuru* lui dit, il y a environ deux » mois, que le Procureur général de la Merci, » étant arrivé de Rome en cette Ville, lui avoit » témoigné la plus grande douleur de ce que les » Jésuites souffroient en Espagne ; que *Victoriano* » ajouta que ce Religieux étoit retourné à Rome ».

Déposition de Don Victorien Azpuru.

116. [*Fol. 193. A.*] Don *Victoriano Azpuru* est convenu de l'arrivée du Religieux en cette Capitale ; mais il a nié tous les propos que *Navarro*, dans sa Déclaration, lui a fait tenir.

Continuation de la déclaration de Navarro.

117. Il dit, » qu'ayant eu l'Apologie des Jé» tes, il s'informa du Pere Coadjuteur *Torré*, Com» pagnon du Pere Procureur d'Andalousie, s'il y

» avoit quelque autre Ecrit ou Imprimé ; que ce » Pere lui répondit qu'on avoit publié une lettre » de l'*Evêque de Sarlat*, en France, touchant les » affaires des Jésuites ; qu'il avoit prié ce Jésuite » de lui en procurer un exemplaire, & qu'il le lui » avoit fait avoir pour dix reales de *Velhon* (1) ; » qu'il lui dit en même-temps, que c'étoit le Pro- » cureur de Castille qui les vendoit : que le Dé- » clarant avoit revendu cet Exemplaire à un Li- » braire de la rue des Charrettes, & qu'il lui avoit » donné un billet, pour avoir de Don *Serrano* un » exemplaire de la Lettre circulaire (2) de l'*Ar- » chevêque de Paris*.

Déposition de Miguel Escrivano, *Libraire.*

118. [*Piece 2, fol. 190. A.*] *Miguel Escrivano*, Libraire de cette Ville, dont il est mention au nombre précédent, dit, qu'il connoissoit *Navarro*, & avoit des relations avec lui, parce qu'il venoit à sa boutique acheter des livres ; qu'il y a un an & demi que quelqu'un dont il ne se rappelle pas le nom, mais qui venoit aussi à sa boutique, lui ayant dit qu'il souhaitoit avoir l'*Apologie de l'Institut de la Compagnie*, le déposant avoit prié plusieurs fois *Navarro*, de lui procurer cet Ouvrage ; & que *Navarro* lui donna enfin un billet & l'adresse d'une maison qui est située trois portes avant la Taverne du College Impérial ; qu'ayant porté ce billet à son adresse, une Servante lui donna cet Ouvrage en deux petits Tomes *in*-8°., sans lui demander de l'argent ; que depuis il avoit remis ces livres à *Juan Corominas*, Libraire, parce que celui qui lui avoit donné commission de les lui procurer, n'étoit pas revenu les lui demander.

(1) La reale de Velhon vaut 5 sols de notre monnoie.
(2) L'Espagnol porte *Carta Circular*, Est-ce autre chose que l'Instruction Pastorale de 1763 ?

Suit

Suite de la déclaration de Navarro.

119. [*Pièce 2, fol. 188.*] Navarro continuant sa déclaration, dit, » qu'il avoit appris du Pere » *Benavente*, qu'on avoit fait en France des Re- » cueils de tous les Ecrits faits pour & contre les » Jésuites, & qu'il avoit écrit pour les faire venir ; » que néanmoins le Déclarant ne les a pas vus, » & qu'il ne sçait pas s'ils sont arrivés : Qu'il est » incertain si ce Jésuite avoit dit qu'on devoit » imprimer en Espagne de semblables Recueils » sur les affaires des Jésuites ; mais qu'il lui a as- » suré qu'on avoit imprimé à *Calatayud* l'Apolo- » gie, ou un autre Ouvrage pour ces Peres : » qu'il connoissoit aussi le Pere Coadjuteur *Pedraza*, » Compagnon du Pere *Ignace Gonzales*, pour » avoir été en relation avec lui à *Buenos-Ayres* ; » que c'est pour cette raison qu'il a eu avec lui » quelque liaison en cette Capitale ; qu'il l'a en- » tendu faire des doléances sur les malheurs de » la Compagnie, mais avec moins de vivacité » que le Pere *Ignace*, qui blâmoit beaucoup les » saisies qu'on faisoit des Ecrits apologitiques des » Jésuites sous prétexte qu'ils étoient imprimés » sans permission, prétendant que la loi ne pro- » nonçoit que la perte de ce qui étoit saisi, & » non pas la défense de répandre l'Ouvrage ; qu'il » faisoit aussi de grandes plaintes sur la perte du » procès des dixmes, & sur les oppositions faites » par les Fiscaux du Conseil des Indes aux conces- » sions faites pour les Missions : qu'au reste les Peres » se félicitoient beaucoup de ce qu'on avoit nom- » mé Gouverneur du *Tucuman* (1) Don *Jérôme* » *Matorras*, Seigneur fort zélé pour la Compa- » gnie, qui feroit en sa faveur ce que n'avoit pas » fait son prédécesseur, qui les avoit trompés. »

Ici finit la déclaration de *Navarro*, sauf à la continuer quand il conviendroit.

(1) Province de l'Amérique Espagnole.

120. [*Pièce 2, fol. 198.*] Après l'expédition de tous les actes précédens, M. le Commissaire les ayant vus, ordonna par un acte du 11 Février 1767, qu'on prendroit une nouvelle déclaration de *Navarro* pour s'expliquer, suivant qu'il le jugeroit à propos, sur celles qu'il avoit faites dans les huit précédentes comparutions, qui à cet effet lui seroient représentées.

Neuvième Comparution de Navarro.

121. [*fol. 198.*] Dans cette comparution, Navarro se retracta de nouveau de tout ce qui pourroit se trouver, dans les cinq premières, de contraire à ce qu'il avoit dit dans la sixième & dans les deux suivantes, dont il déclara qu'il ratifioit entièrement le contenu. En les fortifiant & confirmant, il ajouta: que lorsque le Père *Benavente* l'avoit engagé à faire la fausse dénonciation ci-dessus rapportée, il lui remontra avec beaucoup de force, qu'il devoit faire attention qu'*il étoit confrère de la Compagnie.* Cela est vrai, ajouta *Navarro :* car il y a environ un an, que les Jésuites, par la main du Père *Robles* qui étoit nouvellement arrivé de Rome, me donnèrent des lettres de Confrairie signées du Général actuel : ce même Père me fit en même tems un présent de Reliques authentiques & de Rosaires : Il me dit qu'il alloit partir pour *le Port de Sainte Marie*, où il est actuellement, & y attendre le Lieutenant Général Don N. N. pour lui donner aussi, de la part du Père Général, de semblables Lettres de confrairie, & un petit présent de bijoux d'Allemagne & de Saxe, en témoignage de la vive reconnoissance du Père Général pour les bons services qu'il a rendus à la Compagnie à *Buenos-Ayres.* Le Père *Benavente* ne manqua pas, ajouta *Navarro*, de me faire valoir mon aggrégation pour achever de me déterminer à faire la fausse dénonciation. *Navarro* dit encore, que dans un cabinet intérieur de l'appartement du Père *Gonzalez*, il avoit vu en diffé-

rentes occasions le Père Lopez, avant son départ de cette Capitale, examiner des papiers avec beaucoup de soin & de mystère; que quelquefois ce Père fermoit la porte de ce cabinet sur lui, lorsque le Déclarant étoit dans la chambre; que quelquefois aussi le Père *Gonzalez* le laissoit seul, & alloit s'enfermer avec le Père *Lopez* dans ce cabinet : Que le jour qu'on publia l'Ordonnance ou l'Edit pour défendre de faire des écrits satyriques, le Père *Gonzalez* étant dans sa chambre appuyé sur un balcon, s'écria que c'étoit une folie de publier une semblable Ordonnance, qu'elle priveroit du plaisir d'entendre les poliçonneries du peuple : Qu'il se ressouvient aussi d'avoir ouï dire au Père *Benavente*, qu'il placeroit son propre neveu dans un plus grand Collège, malgré la guerre qu'on fait aux Collèges de la Compagnie, attendu que cette persécution ne dureroit qu'autant que *le Moine* seroit en place, c'est-à-dire, le Confesseur du Roi, (qui est un Récollet) : Que lorsque le Père *Benavente* fut venu à bout de lui persuader de faire la fausse dénonciation à M. le Président, il lui recommanda bien de ne pas manquer de dire à son Excellence, que *Don Silvestre Palomares* étoit un Prêtre dangereux, chargé de crimes, qui avoit eu plusieurs procès avec son Evêque; mais qu'il n'y avoit aucun témoin à ces conversations : Qu'il se rappelloit également que dans le tems du départ ou de l'exil du Marquis *de la Ensenada*, il avoit entendu dire au Père *Gonzalez*, ami particulier de ce Seigneur, que si M. le Comte *d'Aranda* n'avoit pas été Président du Conseil, il seroit arrivé bien pis encore, & qu'il savoit parfaitement quelles affaires & quelles raisons avoient été la cause de la disgrace de ce Marquis: Qu'au reste, les Pères *Benavente*, *Gonzalez* & *la Sarte* se plaignoient toujours fort amèrement des persécutions que le Gouvernement actuel faisoit souffrir à la Compagnie. *Navarro* ajouta encore pour particulariser davantage ce qu'il avoit dit dans sa dernière déclaration au sujet de l'*Apologie de l'Institut des Jésuites*, que le Père *Gonzalez* lui avoit fait présent de trois exemplaires de cet Ouvrage, qui est en deux tomes, & que ce Jésuite en avoit quantité dans son appartement ; que le Déclarant avoit destiné les trois Exemplaires qui lui avoient été donnés, à Don *Joseph Rubio*, à Don *Joseph-Michel de Flores*, & au Libraire de la rue *des Charrettes* ; quoique quand il les reçut du P. *Gonzalez*, il fût bien persuadé qu'ils avoient été imprimés sans permission : il ne savoit pas alors s'ils l'avoient été en Espagne ; mais il le comprit bien dans la suite lorsqu'il vit cet Ouvrage saisi par ordre du Gouvernement ; ce qui irrita beaucoup le P. *Gonzalez*, parce qu'il prétendoit que cet écrit ne faisoit de tort à personne.

Reconnoissance de Papiers.

122. [*Pièce 2, Fol. 20, A.*] Comme l'on avoit trouvé parmi les papiers de *Navarro* un Porte-feuille à la Françoise, en Maroquin rouge, sans clef, quoiqu'avec une serrure ; & qu'il y avoit une petite feuille de papier fin, chargée d'une écriture fort menue, qui commençoit par ces mots : *Muy Segnor mio, y mi mas estimado Duegno*, & qui finissoit par ceux-ci : *obrar bien, que Dios es Dios ; baste de papeleta :*

123. [*fol* 200. A.] M. le Commissaire, par Acte du 13 Février dernier, ordonna qu'on prendroit la déclaration de *Navarro* sur ce papier.

Dixième comparution de Navarro.

124. Il répondit qu'on avoit dû trouver chez lui le Porte-feuille sur lequel on l'interogeoit, & dans ce Porte-feuille la copie d'une lettre d'un nommé *Ibagnez*, qui étant à *Buenos - Ayres*, avoit été chassé de la Compagnie.

En cet endroit on lui représenta le Porte-feuille & la lettre qu'on y avoit trouvée, & ayant reconnu l'un & l'autre, il dit que c'étoit cela même dont il avoit parlé ; que l'écriture de ce papier étoit la sienne, & qu'il l'avoit écrite de sa propre main en l'année 1758, dans le Bourg de *Saint-Borgia* de la Province de *Buenos-Ayres*; qu'autant qu'il peut se rappeller, il avoit copié cette lettre sur l'original de cet *Ibagnez*, par ordre de Don N. N; que pour plus grande clarté, il devoit dire que le commencement de cette copie jusqu'à ces mots, *commencement de la lettre d'Ibagnez* étoit la copie d'une lettre qu'une autre personne avoit écrite au même *Ibagnez*; que le surplus de la copie qu'on lui avoit représentée étoit celle de la lettre d'*Ibagnez* lui-même: que cet *Ibagnez* avoit transcrit cette lettre qu'il avoit reçue, pour l'envoyer au Pere *Carrion*, frère du Trésorier Général des Ordres, à qui il écrivoit lui-même sur le même papier: que ce Père ayant reçu cette copie, la remit à Don N. N., lequel la remit à lui *Navarro*, pour en faire une autre copie; c'est celle qu'on lui représente aujourd'hui. *Navarro* ajouta, que par cette raison il pouvoit assurer que cet *Ibagnez*, chassé de la Compagnie, étoit protegé par le Marquis de *Valdelirios*, & qu'après son expulsion, il l'avoit recommandé à la Cour. Le Déclarant est assuré qu'Ibagnez étant venu en cette Ville, il se présenta à *Don Richard Wal* (1); que ledit *Ibagnez* étant décédé à Madrid, lui *Navarro* avoit oui dire qu'il avoit recommandé à *Don Juan Angel*, Clerc de Saint-Gaëtan, son Confesseur, de remettre à M. *Wal* des papiers de conséquence, qu'il lui avoit mis entre les mains; enfin que la lettre dont il s'agit ayant besoin d'une assez ample explication dans toutes ses parties, il offroit de la faire & de l'inserer dans sa déclaration, si on le lui permettoit.

125. [*fol. 203.*] Par un acte du même jour 13 Février, on lui permit de faire ce qu'il avoit offert. Ainsi, en présence du Greffier, il fit & écrivit l'explication de ladite Lettre dont voici la teneur.

(1) Ce Seigneur étoit un Secrétaire d'Etat à la Cour d'Espagne.

Lettre énigmatique saisie avec le Porte-feuille de Navarro (1).

126. [*Pièce 3, nomb. 7.*] Monsieur & très-cher ami, je prends la liberté de vous dire, que je me trouve actuellement dans le cas de profiter de la permission que vous m'avez donnée de vous écrire de tems en tems, parce que j'ai à vous offrir quelques nouvelles assaisonnées de manière que vous pourrez facilement les digérer. Je vais donc vous dire, sans préface & sans cérémonie, que j'ai attrapé la vôtre du 30 Juin. Je dis que je l'ai attrapée ; car il faut ici les prendre à la volée, autrement les *Eperviers* s'en saisiroient. Il est nécessaire d'user de tems en tems de cet assaisonnement de finesse & de prudence pour en attraper; c'est ce qui me dédommage des mauvais quarts-d'heures que je passe en courant après les nouvelles, afin que j'en puisse avoir quand arrive le tems de les écrire. Il faut que l'esquif dans lequel je cours ces mers, fasse peur aux ennemis & les tienne en alerte. Mais comme j'ai coutume de sortir du port entre les deux soleils, il est rare qu'ils m'échappent; & lorsque je rentre, je dis mon *benedicite* bien humblement, & les yeux baissés à terre.

Suite de la Lettre énigmatique.

127. La *Musique* (2) va son train, & sa symphonie seroit croire que c'est une contre-danse Angloise, ou un concert de Basques. Les Etiques (3) disent que cela approche fort du *Charivari* (4).

(1) Elle étoit écrite par un homme opposé à Don N. N. & attaché au Marquis de Valdelirios; elle étoit adressée à *Ibagnez* du même parti, & chassé de la Compagnie. Elle fut interceptée par les Jésuites opposés au Marquis, qui la remirent à Don N. N. Voyez ci-après l'explication de *Navarro*.

(2) La Musique, c'est le bruit qui couroit contre les Jésuites en Portugal & en Espagne, & qui étoit venu jusqu'au Paraguai.

(3) Les Jésuites. Ils les appellent *Etiques* pour se mocquer d'eux.

(4) Voyez l'explication de *Navarro*.

Mais il me paroît bien certain que nous la danſerons tous (1). *Interim* (2) arrive qui arrive, les prognoſtics ne ſont que trop clairs, & l'on aſſure que ceux qui doivent entrer en danſe paſſent les nuits toutes blanches, & les jours dans le trouble & l'inquiétude. Que vous êtes heureux, mon cher, qu'on vous ait chaſſé de ce Purgatoire (3), & qu'on vous ait mis dans cette félicité où vous jouiſſez de toute la paix dont je voudrois bien pouvoir jouir comme vous. Cependant la *Mouche* (4) vole ſans ſçavoir où elle pourra s'arrêter, parce qu'elle ne croit plus pouvoir trouver de ſûreté nulle part. Je connois gens qui plaçoient la leur où ils avoient coutume (5); & qui n'oſent plus le faire, dans la crainte que quelque *gros Matou* ne l'attrape. La crainte qu'ont les bons Pères de ce qui ſe prépare, les mortifie autant qu'ils nous ont mortifié. Ils en ont tant de ſouci, qu'ils voudroient voir l'accouchement, quel qu'il puiſſe être. Juſqu'ici, je n'avois pas encore entendu demander à leurs Paroiſſiens un ſeul *Ave Maria* pour la ſanté de nos Monarques; le père *Angulo* vient de le faire à la fin de ſon Sermon de Notre-Dame des Neiges. Mais tout cela n'eſt que l'effet de la peur. Nous avons vu arriver ici, ces jours paſſés, le Père *Michel de Herrera* (6) ſans la robe de la Compagnie; & le bruit court que le Père *Palácios* doit bientôt venir auſſi. Le premier compte partir pour l'Europe dans le *Fernando de Cueto*. L'hiſtoire du Paraguai ſe continue, & l'Evêque preſſe chaque jour de plus en plus. Il en eſt arrivé le 11 de ce mois un Meſſager à deux heures de nuit: je n'ai point ſu quelle nouvelle il avoit apporté; mais je ne tarderai pas à le ſavoir, & à

(1) C'eſt la ruine de la Société que tout ce bruit annonce.

(2) Voyez l'explication de *Navarro*.

(3) C'eſt-à-dire, de la Compagnie.

(4) Les tréſors de la Compagnie, & l'argent que les particuliers lui confioient.

(5) Gens qui plaçoient leur argent ſur la Compagnie.

(6) C'étoit un Jéſuite que la Compagnie venoit de chaſſer.

vous en faire part. L'affaire des Confirmations est suspendue dans les Bourgs de ce Diocèse, & il ne paroît pas que l'Evêque se soit contenté de voir l'original, parce qu'il n'a point passé par le Conseil. On assure que l'Evêque a été choisi par la Cour pour exécuter le plan qu'on a formé pour l'avenir à l'égard de ces pays, & qu'on lui a ordonné d'aller doucement d'abord; mais cela même rendra la marche plus sûre dans la suite. Il a un grand fondement pour appui; car vous avez bien connu *Don André de Bustamanté*, Evêque de *Palencia*: vous savez combien il étoit affectionné pour les Pères quand il étoit Curé de *Palacio*: aussi lui avoit-on demandé pour Evêque du Paraguai, un Curé de son Diocèse, qu'il connoîtroit de même caractère que lui, & dans les mêmes sentimens; & il le trouva dans *Autillo*, tel qu'on le desiroit. Les effets nous apprendront mieux ce qu'il pense; car je vous assure qu'il m'a bien frappé quand je l'ai vu ici. Les flambeaux d'argent qu'avoient les Pères de la Colonie, ont été apportés en cette Ville quand on les a enlevés. Si la même nouveauté arrive ici, nous verrons où on les mettra. Le petit *Pacheco*, Clerc de la Procure des Missions, s'est marié avec la fille aînée de la *Narbona*, celle qui a toujours la mine si réfrognée. Il a bien fait ses affaires, non-seulement pour l'état dans lequel il entre, mais encore pour celui d'où il sort; car la Procure attend à tout moment sa vétérance, & lui-même le dit d'une manière fort plaisante, dont je ne croyois pas capable un homme qui s'étoit mis si avant dans l'épais mortier du Père *Ballester* (1). Votre ami *Mancilla* a décampé avec le vol qu'on lui a fait dans son compte. Il dit qu'il n'attend pour sa récompense d'autre consolation que de voir abîmer ceux qui ont voulu se servir de lui pour vous perdre. Je lui ai dit ce que vous m'avez recommandé. Il a promis

(1) Ce Jésuite étoit un des plus séditieux du Paraguai. Voyez la Relation Portugaise sur la conduite des Jésuites en ce pays-là.

d'écrire, & d'envoyer la lettre par un exprès, afin qu'elle soit plus sûrement rendue. Mais tout cela n'a été que paroles, sans effet; il est vrai qu'il a eu bien peu de tems.

Suite de la Lettre.

128. Le Navire qui est arrivé d'Europe à la *Baye de tous les Saints*, a apporté de grandes nouvelles. J'en remets une partie pour d'autres Lettres, & je vous dirai seulement ici celles qui vous intéressent le plus. Le nouveau Général de la Compagnie, élu à la place du Pere *Louis Centurioni*, est le Pere *Laurent Ricci*, d'une des plus nobles familles de Genes; c'est l'effet d'une politique que la Compagnie a eu en différentes occasions; mais elle n'a pas pu la mettre à couvert du coup terrible dont elle vient d'être frappée. La Cour de Lisbonne en envoyant à celle de Rome une très-longue relation de faits bien prouvés, lui a demandé la réforme de la Compagnie de Jésus, dans ses Etats d'Europe & d'ailleurs. Le Pape en a fait expédier la Bulle le 12 Mars de cette année (1); on l'a publiée en Portugal le 3 Mai. On y donne plein pouvoir à l'Archevêque de Brague, pour régler toute cette affaire de concert avec les Ministres du Roi. En conséquence on a saisi tous les biens meubles & immeubles des Peres, & l'on a assigné à chacun d'eux une somme par jour, & de même pour le service de l'Eglise. On a rappellé dans les Colléges, (où pour la suite on a fixé le nombre de Sujets qui doivent y être) tous ces *Frerots* qu'on envoyoit, non sans beaucoup de scandale, dans les biens de campagne. Le même vaisseau a transporté ici trois Commissaires de Sa Majesté Très-Fidèle, chargés, avec les Evêques du Bresil, d'y mettre tout sur le même pied qu'en Portugal, de maniere qu'en vertu d'un ordre même plus ancien, l'on compte souffler aux Révérends toutes les Cures. Ce navire a aussi apporté la nou-

(1) 1758.

velle qu'on avoît publié à Lisbonne la seconde partie de la relation dont nous avons vu ici, il n'y a pas longtems, la premiere partie; & qu'on y fait un détail fort intéressant du misérable état où se trouvent les Jésuites dans ces Pays-là, où non-seulement il n'y a plus moyen de recevoir personne au noviciat, mais encore où plusieurs, même reçus depuis longtems, en sont sortis, voyant que cette robe de Jésuite, qui étoit ci-devant en si grand honneur, n'est plus regardée que comme un *Sanbenito* (1). Ces nouvelles ajoutent que l'orage qui se prépare contre les Jésuites dans les Etats de la Monarchie d'Espagne, sera d'autant plus affreux, qu'il est plus longtems à éclater (2); & c'est à cela que les gens qui ont le nez fin, attribuent le retardement du départ du vaisseau *le Saint Ignace* du Port de Cadix. C'est ce Saint, dit-on, qui s'est chargé d'apporter le coup qu'on prépare à ses enfans; ce bon Saint est sans doute irrité de voir combien ils ont dégéneré, & qu'ils ne sont plus que de vrais avortons. Le bruit court aussi qu'en Allemagne il se mitonne quelque chose de semblable, & que l'Impératrice-Reine sollicite pareillement une réforme pour les Jésuites; c'est une saignée dont ils auroient bon besoin, car dans ce pays-là, m'a-t-on dit, ils sont trop gras & trop replets.

129. Quant à la mort du Pape (3), au nouveau Conclave, aux affaires de la guerre, & aux autres nouvelles de gazette, vous les pourrez voir dans la lettre de N. Pour moi, voilà assez de babil pour le peu de tems que le Messager me donne. Nos Dames vous rendent toutes leurs civilités avec

(1) Le *Sanbenito* est une espèce de Scapulaire ou de surtout sans manches, fait de drap jaune, avec une croix de drap rouge en sautoir, semblable à la croix de saint André, que l'Inquisition fait porter à ceux qu'elle a condamnés & qu'elle fait conduire au supplice.

(2) Ceci s'écrivoit en 1758, & s'est exécuté en 1767.

(3) Benoît XIV.

autant de plaisir qu'elles ont reçu les votres. Elles seroient charmées de pouvoir encore offrir ici à votre aimable & vénérable personne les témoignages de leur estime.

Notes qui se trouvent sur la copie.

130. Elle appelle *Etiques*, ceux que d'autres appellent *Corbeaux*. *La Mouche*, c'est l'argent. *L'endroit où elle avoit coutume de se poser*, c'est la chambre du Pere *Alonzo Fernandez*, qui jusqu'ici a été le Trésorier de tout le monde. *Le 12 de Mars*, ce jour, dans le tems que la Compagnie n'avoit pas besoin de réforme, lui fut plus glorieux qu'aucun autre, sous le Pontificat de Gregoire XIII.

*Commencement de la lettre d'*Ibagnez.

131. Monsieur, pour vous marquer ma reconnoissance des bons Mémoires que vous m'avez envoyés par *Sargento*, je ne crois pas pouvoir vous rien envoyer qui fasse plus de plaisir dans ces deserts que la copie de cette lettre datée du 15 Novembre 1758, que j'ai reçue aujourd'hui de *Buenos-Ayres*; en voici la teneur. (Suit la copie de la lettre telle qu'elle est ci-dessus.)

132. A la suite de cette copie, Ibagnez ajoute: » Voilà où finit la lettre de l'ami qui m'écrit. Je » n'ai rien à y ajouter, sinon que si j'étois à vo» tre place, je ferois comme le Pere *Cardiel* de » *S. Thomé*, qui, (à ce que nous a rapporté le » Capitaine *Casarés* en passant par ici le jour de » la Fête-Dieu,) après avoir lu l'Imprimé de la » Relation Portugaise qui contient de si belles » choses à la louange des Jésuites du Maragnon » & du Paraguai, s'écria: » Tout cela n'est que » menteries Portugaises, & jusqu'à ce que je l'aie » vû imprimé en Espagnol & à Madrid, je n'en » croirai rien ». Cela me paroîtroit plus sage que » d'aller se donner de la tête contre l'angle d'un » mur. Quant à moi, quoique je n'aie que trop de » sujet de me plaindre des mauvais traitemens

» que j'ai reçu de la Compagnie, je compatis » à ses peines & à toutes celles qui ne peuvent » pas manquer de lui arriver. Mais si tous ces mal» heurs aboutissent à une réforme dont elle a si » grand besoin, j'en bénirai Dieu, qui dispose » pour sa gloire, de tous les événemens. J'at» tends ici les décisions qui viendront de Ma» drid sur mon affaire. Le Mémoire que j'ai fait » présenter au Roi est si bien prouvé & si bien » appuyé, que je présume qu'il produira un ef» fet favorable; si ce n'est pas dans le moment » présent, j'espère que ce sera dans une autre oc» casion. Il faut toujours agir, puisque Dieu est » Dieu. En voilà assez pour un billet. »

133. Après que cette lettre eut été enregistrée, on procéda à l'enregistrement de l'explication que *Navarro* en avoit fait en cette manière.

Explication de la Lettre.

134. [*P. 2. Fol. 205.*] Il paroit que cette lettre a été écrite à un nommé *Ibagnez*, qui avoit été chassé de la Compagnie de Jésus; & qu'il l'avoit copiée pour un de ses amis ou de ses confidens; peut-être même l'avoit-il faite lui-même, en supposant qu'elle lui avoit été écrite.

135. Quant à Don NN. entre les mains de qui cette lettre tomba, il me chargea d'en faire une copie pour lui; & j'en fis aussi une pour moi; c'est celle qu'on m'a représentée, & que j'ai reconnue. Je l'ai gardée par curiosité. Je ne peux juger comment, ni par qui, ni pourquoi cette lettre a été remise à Don NN. Quand je la copiai, j'eus, comme je l'ai encore à présent, l'idée que les expressions énigmatiques & allégoriques qui s'y trouvent, signifient ce que je vais dire.

1°. L'endroit où l'Auteur de la lettre dit qu'il *a attrapé la lettre qu'on lui avoit écrite*, & qu'il l'*avoit attrapée à la volée*, fait, à mon avis, allusion aux différens partis qui divisoient cette Province, où les uns tenoient pour Don NN. & les autres pour le Marquis *de Valdelirios*; & comme on adressoit tous les Couriers & Messagers au premier, ceux du parti opposé craignoient que leurs lettres ne fussent interceptées. Le mot *Epervier* me paroit faire allusion au Jésuites, qui étant zèlés partisans de Don NN., étoient fort opposés à *Ibagnez*, qu'ils avoient chassé de leur Compagnie.

2°. La *Musique*, dont la lettre parle, désigne, à ce qu'il me semble, les mesures qu'on prenoit, & les ordres qu'on attendoit alors contre les Jésuites, faisant entendre que le plan formé contre eux tendoit à son exécution.

3°. Ce sont ces Pères à qui il donne aussi le nom d'*Etiques*, qui est marqué par le chiffre 3.

4°. Le *Charivari* signifie l'expulsion ou la réforme des Jésuites d'Espagne, qu'on regardoit comme prochaine.

5°. La phrase, *Il est certain que nous la danserons tous*, marque le plaisir qu'aura *Ibagnez*, de mettre au grand jour l'injustice qu'il se plaignoit que les Jésuites lui avoient faite en l'expulsant, & de voir aussi toutes leurs disgraces.

6°. La phrase, *Interim, arrive qu'arrive, &c*, fait entendre que les nouvelles qui se répandoient au sujet des ordres qu'on attendoit d'Espagne contre les Jésuites, causoient beaucoup de chagrin à leurs gros bonnets, & qu'ils n'étoient tranquilles ni le jour, ni la nuit.

7°. Le *Purgatoire*, dont la lettre félicite *Ibagnez* d'être délivré, ne peut signifier autre chose que la Compagnie; & le bonheur dont il le congratuloit pareillement, a rapport à la protection du Marquis de *Valdelirios*, dont l'Auteur de la lettre à *Ibagnez*, paroit aussi avoir été un fort zèlé partisan.

8°. La *Mouche*, fait allusion à l'argent ou aux trésors de la Compagnie. La fin de la phrase fait entendre la crainte & les inquiétudes où étoient les personnes qui avoient coutume de remettre leur argent entre les mains des Jésuites, si leur expulsion &

la confiscation de leurs biens venoit à arriver, ce qui auroit fait perdre à ces personnes leur argent, que ces Pères avoient entre leurs mains, & qui pourroit tomber dans les pattes *du gros matou.*

9°. Le Père *Michel de Herrera* avoit aussi été chassé de la Compagnie.

10°. Les autres expressions de la lettre ne paroissent pas avoir besoin d'explication.

11°. Je ne puis dire ce que c'est que ce bonheur de la Compagnie, dont il est parlé dans l'endroit marqué par ce chiffre, à moins que ce ne soit quelque concession ou privilége qui lui auroit été accordé par le Pape qui y est nommé.

12°. Le surplus de ce qui est écrit dans ce papier, est la lettre écrite par *Ibagnez* au Père *Currion*, dans laquelle il avoit inséré la copie de celle qu'on lui avoit écrite de *Buenos-Ayres*, comme *Ibagnez* le dit lui-même. Ce qu'il écrit n'a besoin d'aucune explication. Fait à Madrid dans la Prison Royale, le 13 Février 1767. Signé, *Doctor Don Benito Navarro.*

136. [*Fol. 203. A.*] Après cette expédition, M. le Commissaire ordonna que *Navarro* reconnoîtroit l'explication qu'il avoit faite de la lettre ci-dessus.

137. En exécution de quoi *Navarro*, reconnut cette explication pour être celle qu'il avoit écrite & signée de sa main: & il le fit en présence de M. le Commissaire & du Greffier, en ajoutant qu'il avoit fait ce commentaire, conformément à l'idée qu'il avoit eue étant en Amérique, & qu'il avoit encore.

138. Le procès, en cet état, fut remis entre les mains de son Excellence, *Monseigneur le Comte d'Aranda*, qui le fit passer en celles de M. le Procureur Général.

Réquisitoire.

139. [*Pièce Cour. Fol. 3.*] Ce Magistrat par son

requisitoire du 25 Mars dernier, exposa que, de tout le procès, il ne résultoit rien à la charge de *Baranchan*, puisque l'unique preuve contre lui étoit appuyée sur la délation volontaire de *Navarro*, qui, comme accusateur, étoit tenu de la prouver. Qu'on imputoit deux délits à *Baranchan*: le premier d'avoir pris part à l'émeute & à la sortie des femmes qui étoient enfermées à la Galere, sur quoi, lui Procureur Général jugeoit d'office, que *Baranchan* avoit prouvé son innocence, y ayant des témoins qui avoient vû tout ce qu'il avoit fait les jours de l'émeute, & qu'il n'étoit point sorti de la maison le mardi saint, jour où les séditieux enfoncèrent les portes de la Galère. Que le second délit qu'on lui imputoit, étoit d'avoir composé des écrits satyriques & séditieux contre le Gouvernement, à l'occasion de la sédition, & de les avoir publiés & répandus : mais que cette accusation, qui, d'ailleurs, n'étoit appuyée d'aucune preuve, s'évanouissoit pleinement, étant démentie par la confession même de *Navarro*, lequel forcé par sa conscience de rendre témoignage à la vérité, a déclaré que *Baranchan* n'étoit point Auteur de ces écrits; qu'il n'avoit fait autre chose à cet égard, que copier, pour lui faire plaisir, un desdits écrits qu'il lui avoit remis lui-même ; & qu'on avoit tout lieu de croire que le véritable Auteur qui les avoit composés étoit Don *Louis Velasquez* (1), & en partie le Père *Michel Benavente*.

140. Que *Navarro* s'étoit encore dit obligé par sa conscience d'accuser *Baranchan* d'un troisième délit; sçavoir, d'avoir fait, de concert avec *Don Silvestre Palomares*, une fausse déposition contre les Pères *Isidore Lopez* & *Giron*, & contre *Don Louis Velasquez*. Mais que depuis, ledit *Navarro* a déclaré, qu'il ne s'étoit porté à faire cette délation que par la suggestion des

(1) Ce *Don Louis Velazquez* est le même Marquis de *Valdeflores*, intime ami, & l'un des principaux complices des Jésuites.

Pères *Benavente* & *Gonzalez*, & d'après les instances réitérées qu'ils lui en avoient faites pour mettre à couvert l'honneur de la Compagnie, à laquelle il a confessé qu'il étoit affilié par lettres de confraternité, en récompense des services qu'il lui avoit rendus au Paraguai, lorsqu'il y étoit Assesseur ou Secretaire du Lieutenant Général Don N. N Gouverneur & Capitaine général de ces Provinces : que tout ce qui a été déclaré par *Baranchan* se trouvoit pleinement justifié & vérifié dans tous ses points, & qu'ainsi l'on ne pouvoit douter de la sincérité de ses déclarations : qu'au contraire la dénonciation de *Navarro* étoit dans toute ses parties démontrée fausse, tant par les dépositions des témoins entendus, que par la confession que *Navarro* lui-même avoit faite publiquement ; ce qui mettoit le comble à la justification de l'innocence de *Baranchan*, & des calomnieuses délations de *Navarro*, qui, même sur les chefs où les preuves manquoient, a été convaincu de dissimulation & de déguisement affecté, pour cacher que c'étoit de la bouche du Père *Benavente* qu'il avoit appris les circonstances de la détention de *Don Louis Velazquez*, & que de tout cela il résultoit qu'il étoit l'unique coupable dans cette affaire, & qu'il s'y trouve convaincu de deux délits.

141. Le premier, est la fausse dénonciation qu'il a fait en matière très-grave & en crime d'Etat, pour en décharger d'autres personnes qui y étoient réellement compliquées. Le second, est sa complicité avec *Don Louis Velazquez*, les Pères *Michel de Benavente*, *Joseph-Ignace Gonzalez*, & encore le Père *Thomas Cerda*, tous trois Jésuites, avec lesquels il avoit comploté sur des objets contraires au Gouvernement, s'étant dévoué à tous les trois & à la Compagnie, comme son affilié, pour la seconder dans un complot aussi pernicieux, que d'inventer des calomnies & servir d'espion aux Jésuites, pour extorquer le secret des témoins entendus par l'Alcade ou le Grand Prévôt, *Don Philippe Codallos*,

142. Que sur tous ces points ledit Seigneur Procureur Général rendoit plainte contre ledit Navarro, & qu'il demandoit qu'il fût répété dans ses déclarations; que le procès fût instruit à sa charge; que les témoins fussent récolés, à l'effet d'en venir à la conclusion; n'entendant pas néanmoins empêcher, que pour diminution de la peine qu'il avoit méritée, on n'eût égard à la rigueur de la prison qu'il avoit soufferte, sans communication avec personne, ainsi qu'à l'espéce de repentir qu'il avoit manifesté dans le cours du procès, en rétractant formellement ses calomnieuses délations, en spécifiant l'origine du complot, les personnes qui l'avoient fait agir, & qui, comme il le confesse & comme cela est prouvé, sollicitoient pour lui un emploi de Robe dans les Indes, pour récompenser par ce moyen ledit *Navarro* des démaches honteuses & inconsidérées qu'elles lui avoient fait faire, & par lesquelles il s'étoit rendu un faux délateur, au préjudice de la tranquillité publique; récompense qui ne doit être que pour les Citoyens vertueux & amis du bien commun: Qu'en outre il demandoit que dans sa confession *Navarro* déclareroit plus particuliérement quels avoient été les services qu'il avoit rendus à la Compagnie en Amérique, & qui lui avoient mérité la faveur & la protection de cette Compagnie, avec une lettre d'affiliation & confrairie, laquelle il seroit tenu de représenter, afin qu'elle fût jointe au procès, pour être un monument authentique de sa complicité avec ladite Compagnie.

143. Par un autre Requisitoire ledit Seigneur Procureur Général exposa qu'il conviendroit que l'on joignît à ce procès un extrait de l'information faite dans un autre qui se poursuivoit à l'occasion de l'excès commis en la personne de *Baranchan* la nuit du 23 Mars dernier par quatre hommes déguisés, dans la ruelle *del Azotado*, où après qu'ils lui eurent enlevé de force ses papiers, ils lui firent boire d'un poison qu'ils avoient préparé; que cette jonction requise par ledit Procureur Général lui paroissoit nécessaire pour caractériser de plus en

plus les artifices, les violences & l'iniquité qui servent de règles à la conduite des auteurs de la fausse dénonciation faite contre *Baranchan*, lesquels s'étant rendus incorrigibles, ne peuvent plus être regardés que comme des hommes funestes & pernicieux au genre humain; que néanmoins cette jonction ne pouvoit porter aucun préjudice, ni causer aucun retardement aux actes du présent procès, dont expédition devoit être faite séparément, suivant le Requisitoire du Procureur Général.

144. [*Pièce cour. fol. 5, B.*] Sur quoi, le Conseil faisant droit par son Arrêt du 26 Mars dernier, a renvoyé la cause à Monsieur le Commissaire. Ce Magistrat fit toutes les procédures requises, & ordonna que dans le délai de vingt jours l'accusé seroit répété dans ses déclatations, les témoins recolés, les procédures à faire à l'égard des témoins morts ou absens, expédiées, en ce non compris les Religieux de la Compagnie qui avoient fait leurs dépositions au procès (1); & qu'il seroit procédé à la jonction de l'Extrait requis par le Procureur Général.

Extrait du Procès sur le Poison.

145. Cet Extrait fut pris le 30 Avril par *Vincent-Joachim de Parga*, Officier de la Salle, sur les actes faits jusqu'à ce jour dans ce procès qui avoit été commencé par le Lieutenant *Don Ignace de Sancta-Clara*, & continué par M. *Don Augustin de Leyza*, en vertu de la commission du Conseil du 26 Mars de cette année, à l'occasion des excès commis en la personne de *Don Juan de Baranchan* la nuit du 23 Mars dernier (2), (c'est-à-dire 38 jours après qu'il eut été mis hors de prison).

(1) Il y avoit encore une bonne raison pour les excepter, c'est que la nuit du premier Avril tous les Jésuites furent par ordre du Roi enlevés & chassés d'Espagne.

(2) *Nota. Ce fut le 23 Mars 1766 qu'arriva l'émeute de Madrid*; & ce fut à *pareil jour de l'année d'après*, que se fit dans la même Ville le Charivari, c'est-à-dire qu'on arracha les coëffes & les perruques, & qu'on assassina *Baranchan*.

146. Par cet Extrait, notamment par la déclaration dudit *Baranchan*, il apprit que le ſoir dudit jour, cet homme revenant, ſur les huit heures & demie, de la maiſon du Muſicien *Obué*, ſituée dans la rue de l'Inquiſition, derrière celle où demeure Monſieur le Commiſſaire, & paſſant par la ruelle *del Azotado* (1), en diſant ſon Roſaire; lorſqu'il fut au coin de cette ruelle, il rencontra deux hommes, dont l'un ſe mit à ſa gauche & l'autre derrière lui; que celui qui étoit à ſa gauche lui ayant demandé s'il étoit *Don Juan de Baranchan*, il répondit qu'oui : qu'alors cet homme le pouſſa violemment juſques ſous un porche voiſin, en lui diſant de ſe rendre priſonnier; qu'en ce moment l'homme qui s'étoit mis derrière lui, & deux autres qui s'étoient joints à lui, demandèrent auſſi à *Barachan*, s'il étoit le Clerc de *Don Michel-Joſeph de Flores*, qui avoit été mis en priſon; & s'il portoit ſur lui des papiers; que ſans attendre ſa réponſe, ils avoient tiré de ſa poche un porte-feuille & ſon mouchoir, avec lequel ils lui bandèrent les yeux; qu'auſſi-tôt ils lui lièrent violemment les mains par derrière, en les attachant à ſon col avec une corde; qu'ils lui dirent enſuite : Qu'as-tu été faire ce ſoir chez le ſieur *Leyza*, ce vieux édenté, où tu es entré & ſorti par la fauſſe porte? Et pourquoi as-tu été pris? Quelle déclaration as-tu faite? A quoi il répondit, qu'il ne venoit pas de la maiſon dont ils parloient, & qu'il ne ſçavoit point pourquoi il avoit été mis en priſon; qu'alors un de ces aggreſſeurs, vêtu d'un ſurtout blanc, lui dit qu'il etoit un menteur, un impoſteur, puiſque non-ſeulement il avoit fait une déclaration, mais qu'il y avoit inculpé divers innocens comme complices de la ſédition de l'année dernière. Comme *Baranchan* perſiſtoit à ſoutenir que tout ce qu'on lui diſoit étoit faux, ils lui demandèrent ce qu'é-

(1) Du fouetté.

toit devenu le malheureux *Don Benito Navarro* ; & si on l'avoit étranglé ? Il répondit que tout ce qu'il en sçavoit, c'est qu'il étoit dans la prison de la Ville. Alors, irrités de ce qu'ils ne pouvoient rien tirer de lui, l'un d'eux dit à un autre : *donne-lui*, *donne-lui*. *Baranchan*, ayant cru que c'étoit un coup de poignard qu'on disoit de lui donner, d'autant plus qu'il en avoit vu un à la main de l'un de ceux qui étoient entrés dans ce porche, il leur dit : Vous pouvez bien vous vanter que vous m'avez arraché le cœur, mais non pas mon secret. Dans ce moment un autre qui, à sa voix, lui parut le plus vieux, & qui s'étoit tenu à la porte, ayant dit, *dépêche-toi*, *dépêche-toi*, on lui mit à la bouche un vase fort épais, & l'on s'efforça de lui faire boire la liqueur qui y étoit ; mais *Baranchan* serrant les dents de toutes ses forces, on ne put pas lui en faire avaler beaucoup, & le reste se répandit sur ses habits ; après quoi ils le laissèrent étendu sur les degrés, sortirent de dessous ce porche, & celui qui étoit resté à la porte leur crioit *vîte*, *vîte*. *Baranchan* demeura dans cet état, demandant du secours, que personne ne venoit lui donner, malgré ses cris, jusqu'à ce qu'enfin des Cochers qui passoient & qui l'entendirent, étant accourus, coupèrent, avec un rasoir, la corde dont il étoit lié, & le mirent en liberté : l'un d'eux lui fit même avaler une tasse d'huile d'olive. Un des voisins l'accompagna jusqu'à la prison de la Ville, où il remit au Greffier son porte-feuille, dans lequel étoient quelques papiers de peu d'importance que les assassins lui avoient ôté. Il y remit aussi une menue corde d'une aûne & demie de long, à nœud coulant à l'une de ses extrémités.

Reconnoissance du porche.

147. [*même Pièce*, *fol.* 2, *A.*] Des diligences faites pour prouver les particularités contenues en

cette déclaration de *Baranchan*, il résulte que la même nuit on fit la reconnoissance du porche où l'assassinat avoit été commis. Le Greffier qui fit cette procédure, atteste qu'à seize pieds de l'entrée, & sur la marche immédiatement au-dessous du premier pallier, il vit une grande tache noire, & que l'ayant flairée, il sentit comme une odeur d'eau-forte.

148. [*Même Pièce, fol. 3 & 7.*] Des Dépositions d'*Antonio Garcia*, garçon de boutique de *Joseph del Castillo*, Barbier, d'*Ignacia de Bargas*, femme de ce Barbier, de *Joseph Lostalet*, d'*Henri Cuipras*, Cochers de leur métier, il résulte qu'ayant entendu, le 23 Mars, sur les neuf heures du soir, des cris lamentables, ils accoururent à ce porche, & qu'ils y virent sur la seconde marche un homme habillé comme un Ecclésiastique ou comme un Clerc d'Avocat, les yeux bandés avec un mouchoir de soie, les mains liées derrière le dos & attachées à son col, & le reste du corps garrotté avec la même corde, & par terre un porte-feuille dans lequel il n'y avoit rien, un rosaire & son chapeau, & qu'il y avoit des taches sur ses vêtemens, comme si l'on avoit répandu quelque chose dessus ; que sur le champ *Santiago Lostalet* lui débanda les yeux & coupa les cordes ; & que cet homme, tout tremblant & comme agité de mouvemens convulsifs, leur fit les plus vifs remercimens, & leur raconta son aventure dans les mêmes termes qu'il l'a déclarée. Quand on leur eut représenté la corde & le porte-feuille que Baranchan avoit remis, ils reconnurent le tout, & *Baranchan* lui-même, comme l'homme qu'ils avoient vu sous ce porche.

L'Apothicaire reconnoît la soutane & les taches qui lui paroissent être d'eau-forte.

149. [*Même Pièce, fol. 3, A.*]. Pour continuer la justification de ce corps de délit, on fit visiter par *George Isabal*, Apothicaire, la soutane de *Baran-*

chan, & les taches dont elle étoit marquée. Elles étoient en forme de canelures, ayant brûlé l'étoffe & mangé la couleur; l'odeur qu'elles rendoient paroissoit être celle de l'eau-forte; mais l'Apothicaire ne pouvoit assurer si l'on n'y avoit point mêlé quelque autre caustique, ce qui, en effet, ne se pouvoit reconnoître. Au reste il assura qu'à qui que ce fût qu'on eût fait boire une semblable liqueur, il n'en auroit pas fallu davantage pour lui ôter la vie, à moins qu'il n'eût été promptement secouru.

Rapport des Médecins.

150. [*Même Piéce, fol. 2, A. & 3 A.*] *Don Michel de Borunda* & *Don Denis-Paul Diaz*, Médecins dans cette Capitale, ayant visité *Baranchan*, après l'avoir interrogé sur ce qui lui étoit arrivé, & avoir examiné les taches de la soutane, ont unanimement déclaré, que la liqueur qu'on lui avoit fait boire étoit une espece d'eau-forte, ou d'autre esprit acide & venimeux, qui, sans autre chose, auroit suffi pour lui ôter la vie, s'il n'eût été promptement secouru, en lui faisant boire de l'huile d'olive; que ce qui fortifioit l'idée qu'ils en avoient, c'étoit l'irritation qu'il souffroit encore, sur les les parties intérieures & extérieures de son corps où cette liqueur s'étoit répandue.

Seconde Déclaration de Baranchan.

151. [*Fol. 5.*] *Baranchan* s'étant un peu remis de son accident, on prit de lui une seconde Déclaration, par laquelle, après avoir ratifié la précédente, il exposa, que la veille de S. Joseph (18 Mars) étant sorti, sur les huit heures moins un quart du soir, du Couvent de la Trinité, & de l'appartement qu'y occupe *Don Michel de Flores*, son Maître, un homme qui avoit l'air d'un Prêtre, en habit long & les cheveux courts, & qui étoit assis sur un banc de pierre qui est à la porte dudit Couvent, lui adressant la parole, demanda s'il étoit le Clerc

de *Flores*, & si c'étoit lui qui avoit été mis en prison. *Baranchan* ayant répondu que c'étoit lui-même, ce Particulier lui dit qu'il y avoit une Dame qui desiroit fort le voir, pour lui témoigner le plaisir qu'elle avoit qu'il fût sorti de prison ; que s'il se faisoit quelque peine d'aller chez cette Dame, elle l'attendroit le lendemain matin sur les sept heures & demie dans la Chapelle du Secours de la Maison Professe ; que le Declarant ayant demandé qui étoit cette Dame, le Messager lui avoit répondu en souriant, qu'elle lui avoit défendu de dire son nom, mais qu'il ne tenoit qu'à lui de le sçavoir bientôt : qu'alors il promit d'aller la trouver le lendemain matin au lieu du rendez-vous ; mais qu'il n'en fit rien, parce qu'il resta toute la matinée dans la chambre de son Régent de Réthorique au College de *Lava-Piés*, lequel avoit été saigné : qu'il avoit cru voir ce même inconnu au nombre de ses assassins, & que c'étoit celui qui avoit un surtout blanc & une soutane noire ; que s'il ne l'avoit pas déclaré la premiere fois, c'est que cela lui étoit échappé : Qu'il ne sçavoit pas si ses assassins l'avoient suivi le soir qu'ils l'attaquerent ; que néanmoins ce même soir, après les prieres, étant à la porte du Soleil avec *Don Joseph de Flores* & *Don Francisco de las Doblas*, celui-ci remarqua tout auprès d'eux un homme qui paroissoit avoir grande envie de sçavoir ce qu'ils disoient, & qu'en conséquence *Doblas* les avertit de se retirer de ce lieu-là, & qu'ils le firent sans prendre garde au signalement de cet homme ; que la veille de son assassinat, étant vers les cinq heures du soir sur les hauteurs de Saint François avec *Flores*, assis du côté de la campagne, il avoit remarqué tout auprès d'eux un homme en surtout noir, avec des bas blancs & un bonnet blanc, ce qui les obligea de changer de conversation, pour n'être point entendus de ce Particulier, dont il ne peut donner d'autre signalement, sinon que c'étoit un homme de quarante à cinquante ans, & d'un visage plein. Ensuite *Baranchan* interrogé s'il sçavoit ou s'il pouvoit soupçonner qui étoient ceux qui l'avoient attaqué, & le sujet qu'ils pouvoient avoir eu pour le maltraiter ainsi? Il répondit que le jour du douzieme bal du Carnaval, passant par la Porte du Soleil, sur les onze heures du matin, avec *Don Ignace Bernasconi*, pour aller prendre des billets pour ce bal, il y rencontra *Don Gaspar de Ojirando*, Chevalier de l'Ordre de Saint Jacques, dont il avoit été ami au College de l'Ecole Pie de *Getafe*, & qu'il y avoit plus de dix ans qu'il n'avoit vu; que l'ayant embrassé, celui-ci lui avoit demandé s'il étoit vrai qu'il eût été mis en prison, comme on le lui avoit dit? Que *Bernasconi* répondit que oui; & que c'étoit la mauvaise volonté de certaines gens qui en avoit été la cause. *Don Gaspar* ajouta, qu'on avoit été jusqu'à lui dire, que dans sa prison il avoit fait des déclarations contre les Jésuites, & qu'il avoit imputé au Père *Isidore Lopez* d'avoir été présent à l'émeute, & d'en avoir même été l'auteur; mais qu'il n'avoit pas voulu ajouter foi à un pareil discours, qui lui avoit été fait par un partisan très-déclaré de la Compagnie; que lui *Baranchan* lui répondit, qu'il n'y avoit rien de vrai dans tout cela, & qu'il ne devoit point croire de pareilles choses; sur quoi ils se séparerent. Que dans une des visites que le Père *Ignace Gonzalez* avoit fait au Père *Juan Diegue de Ortega*, Trinitaire chaussé, ce Jésuite parlant de *Flores*, & du Déclarant qui étoit alors en prison, dit au Trinitaire (qui croyoit ces deux hommes fort inconnus au P. *Gonzalez*) : *Baranchan* en viendra à perdre son Maître. Que par toutes ces raisons, le Déclarant pense qu'il ne falloit pas se faire beaucoup de violence pour penser que, comme il l'a appris dans sa confrontation avec *Navarro*, les Pères *Benavente* & *Gonzalez* ayant été les principaux moteurs de la fausse dénonciation que *Navarro* avoit fait contre lui, ils ont bien pu avoir part à son assassinat, ou du moins en avoir eu connoissance; que c'étoit pour cette raison qu'il n'avoit pas jugé à à propos de paroître au rendez-vous qui lui fut donné le soir du 18 Mars dernier, veille de saint Joseph, par cet inconnu qui lui parut être un Prêtre. Surquoi néanmoins ne voulant former aucun jugement téméraire, & ne s'étant expliqué là-dessus que parce qu'il y étoit obligé par son serment, & pour l'intérêt de la vérité, il faisoit les protestations convenables en pareil cas, & qu'il ne prétendoit faire aucune plainte.

152. [*fol. 8.*] *D. Gaspard de Ojirando* & le Père *Ortega* ayant été mandés pour être entendus, le premier convint de tout ce qui avoit été dit de lui, à l'exception néanmoins qu'il ne se souvenoit pas d'avoir dit, que c'étoit un très-zélé partisan de la Compagnie, qui lui avoit rapporté que *Baranchan* avoit fait des déclarations contre les Jésuites. Quant au Père *Ortega*, que c'est au mois de Janvier dernier qu'il a eu la conversation dont il s'agit, étant allé au Collège Impérial pour assister à une thèse, & qu'il n'en avoit parlé qu'à *Don Joseph-Michel de Flores.*

Confession de Don Benoît Navarro.

153. Pour procéder à l'exécution de l'acte du 18 Avril, rappellé au nombre 144 de cette relation, M. le Commissaire reçut le 8 Juin dernier la confession de *Don Benito Navarro* : Après avoir affirmé le nom, l'état & la condition qu'il avoit déclarés, il supplia qu'avant de passer à aucune interrogation, on lui fit lecture de toutes les réponses & déclarations qu'il avoit faites au procès. Cela fut exécuté, & on lui donna pareillement lecture de ses confrontations. Après quoi, il dit que c'étoit-là véritablement tout ce qui s'étoit passé à son égard, & que toutes ses déclarations & réponses y étoient exactement rapportées ; mais qu'il n'y avoit de véritable que ce qu'il avoit dit & déclaré dans sa sixième comparution & dans les suivantes ; & qu'il avoit offensé la vérité dans les cinq précédentes, & dans ses confrontations avec *Baranchan*

& *Flores*; que par la présente confession il retractoit encore tout ce qu'il y avoit dit, & qu'il affirmoit & ratifioit tout ce qu'il avoit déclaré dans la sixième & dans toutes les suivantes : Qu'en preuve de l'efficace avec laquelle les Pères *Benavente* & *Gonzalez* l'avoient persuadé qu'il étoit obligé de faire la fausse dénonciation, il croit devoir ajouter ce qui suit. Après s'être présenté trois fois à M. le Président, il alla un soir à la chambre du Père *Benavente*. Comme il y rencontra le Père Ministre ou Principal du Collège Impérial, dont il ne sçait pas le nom, il crut devoir s'abstenir de faire au Père *Benavente* le récit de ce qui s'étoit passé entre lui & Son Excellence. Ce Père s'étant apperçu de la cause du silence du Déclarant, lui dit qu'il pouvoit s'expliquer sans rien craindre, devant le Père Ministre, parce qu'il étoit instruit de tout. *Navarro* ajouta qu'il étoit convaincu que ces Pères l'avoient pressé si vivement de faire la fausse dénonciation, parce qu'il avoit appris aux Pères *Benavente* & *Gonzalez* les dépositions faites devant M. *Cadallos* par *Beranchan* & *Palomares*, & qu'eux-mêmes avoient pû sçavoir d'ailleurs des choses qui les inquiétoient : Qu'il croyoit donc pouvoir les regarder comme les principaux coupables du grand crime dont il se trouvoit chargé, sur lequel il ne fit pas alors toutes les réflexions qu'il devoit; qu'il ne l'a réellement commis que par ignorance, & par les violentes instances de ces Peres. Qu'au reste il n'a jamais été leur espion, nonobstant l'étroite liaison qu'il avoit eu avec ceux de cette Ville & avec d'autres dans la Province de *Buenos-Ayres* : que tout ce qu'il a à se reprocher à cet égard, c'est qu'ayant vu que le Page de M. *Codallos* étoit venu chercher *Baranchan*, & celui-ci lui ayant assez fait entendre qu'il avoit été faire sa déposition, sans pourtant s'expliquer davantage; il avoit rapporté le tout aux Peres *Benavente* & *Gonzalez*; qu'alors ces Peres lui répéterent ce qu'ils lui avoient déja dit, que c'étoit contr'eux que se faisoient toutes ces recherches, & qu'ils souffroient persécution. *Navarro* avoua encore, qu'il leur rendoit compte de ce qu'il entendoit dire parmi le peuple; qu'il alloit voir souvent ces Peres; mais qu'en tout cela il n'avoit d'autre but que de mériter leur protection & leurs recommandations pour quelque Place dans les Indes.

154. Que la lettre de confraternité & les reliques qui lui avoient été données il y a un an & demi par le Père *Robles*, comme il l'a déclaré, étoient actuellement entre les mains de *Don Juan-Angel de Olavarrieta*, à qui il les envoya après sa fausse dénonciation, dans la crainte qu'il avoit qu'on ne les trouvât chez lui, sur-tout quand il se fut apperçu qu'il étoit mouché; & qu'ayant fait part de cette précaution aux deux Pères ci-dessus nommés, ils lui répondirent qu'il avoit bien fait, quoiqu'il n'y auroit pas eu grand danger quand on les auroit trouvé chez lui.

155. [*Pièce cour., fol. 13.*] Quant aux services qu'il avoit rendus à la Compagnie, & sur lesquels on l'avoit interrogé, il dit devoir confesser qu'ayant fait le voyage de *Buenos Ayres* avec Don N. N. en qualité d'Assesseur; ayant trouvé dans ce Pays le Père *Raphael de Cordoue*, qu'il avoit jadis connu à Séville; ce Jésuite informé qu'il devoit accompagner Don N. N. lorsqu'il iroit dans les Missions, l'avoit instamment prié d'engager ce Général à mener avec lui quelqu'un des Pères, sous prétexte de faciliter la transmigration des Indiens (1). Ce

(1) Cette transmigration ordonnée par les Cours de Madrid & de Lisbonne, étoit l'effet de l'échange fait entre les Rois d'Espagne & de Portugal de plusieurs de leurs possessions dans le Paraguai & le Maragnon. En exécution de cet échange, auquel les Jésuites s'opposerent de toutes leurs forces, les Indiens Portugais, dont les habitations étoient cédées au Roi d'Espagne, devoient être transportés dans les terres cedées au Roi de Portugal, & les Indiens Espagnols qui les avoient occupées, s'aller établir dans celles que le Portugal cedoit à l'Espagne. Voyez la Relation Portugaise sur la conduite des Jésuites du Paraguai & du Maragnon.

Père faisit cette recommandation, parce que lui & ses Confrères avoient remarqué beaucoup d'indifférence pour eux dans Don N. N. lui-même, *Navarro*, s'étoit apperçu comme eux, qu'il ne se servoit que par nécessité du Père *Diego Horbegoso*. Les Jésuites lui recommandèrent aussi d'avoir beaucoup d'attention pour les Indiens, qu'ils regardoient, dans cette Province, comme leurs enfans. Ce fut à cette occasion qu'il fit connoissance avec les Pères *Joseph de Robles* & *Ignace Gonzalez*. *Navarro* ajouta, qu'il ne se souvenoit point d'avoir rendu d'autres services à la Compagnie & à ses Religieux ; mais qu'il leur avoit toujours témoigné beaucoup d'affection & de bienveillance, & qu'il avoit cru le devoir, parce que ces Pères avoient pris soin de ses intérêts à *Buenos-Ayres*.

156. Qu'il est encore vrai que Don N. N. ayant reçu, lorsqu'il partit pour *Buenos-Ayres*, des ordres d'en renvoyer divers Jésuites qui résidoient au Paraguai & dans les Missions, le Déclarant vint à bout de l'engager à suspendre l'exécution de cet ordre jusqu'à ce qu'il passât lui-même en personne dans le pays des Missions (1), & qu'il en eût pris une connoissance plus particulière. Par le moyen de cette suspension, il réussit à empêcher l'exécution de l'ordre qui enjoignoit de renvoyer en Espagne les Jésuites y dénommés. Cet ordre du Roi étoit bien connu du Père *Altamirano*, compagnon du Père *Raphael de Cordoue*, & ces deux Pères furent très-sensibles à cet important service (2). Que l'Armée Espagnole étant en marche vers le pays des Missions ; un Officier connu pour ennemi

(1) Les Missions ou le pays des Missions, est cette partie du Paraguai, dont les Jésuites s'étoient emparés, & où ils vouloient être absolument indépendans. Voyez la même Relation Portugaise.

(2) Ceci fait voir qu'on s'est trompé dans les notes sur la Relation Portugaise ci-dessus citée, quand on y a dit que le P. *Altamirano* n'étoit pas Jésuite.

des Jésuites accueuillit dans sa tente un Indien qui étoit venu dans le camp, le fit jaser sur le compte des Peres, & en arracha bien des choses peu honorables pour eux, dont il ne manqua pas de faire part au Général ; entr'autres qu'ils avoient défendu aux Indiens de donner des chevaux ni aucun secours aux Espagnols qui devoient se rendre aux Missions ; que le Déclarant eut le crédit d'engager Don N. N. à faire tirer cet Indien de la tente de cet Officier, & de le faire garder à vûe dans un lieu séparé, pour l'interroger ; que cet Indien, (ayant sans doute réfléchi) ne dit rien contre les Peres dans son interrogatoire : ils crurent lui être encore redevables de ce service. Il profitoit ainsi de sa place auprès de Don N. N. pour faire plaisir aux Jésuites dans toutes les occasions & à leurs Indiens. Que quand il arriva aux Missions avec Don N. N. les Pères le prièrent, lui *Navarro*, avec beaucoup d'empressement, de se charger de plusieurs lettres pour les Jésuites Curés, afin qu' avant l'arrivée de ce Seigneur ils pussent placer dans leurs Eglises le portrait du Roi, pour faire croire à ce Seigneur qu'ils étoient pleins de zèle & de soumission ; que le Déclarant leur rendit encore ce service, sans se douter de leur malice à cet égard, parce qu'il étoit nouvellement débarqué dans ces pays-là ; qu'ayant sçu depuis, du Marquis de *Valdelirios* & de ses partisans, que ce n'étoit qu'un stratagême de ces Peres (pour cacher leurs vrais sentimens) changea bien d'idée sur leur prétendu zèle, d'autant qu'il a vu depuis & tenu en sa possession divers écrits touchant la révolte des Indiens, qui prouvoient clairement, que les Jésuites avoient excité & fomenté ce soulevement, en s'opposant à l'exécution des ordres du Roi, jusqu'à mettre sur pied des Armées dont ils avoient la direction & le commandement ; que tous ces faits qu'il s'étoit rappellé depuis la fausse dénonciation qu'ils lui ont fait faire, lui avoient fait comprendre qu'ils pourroient bien être les auteurs des troubles arrivés en cette

Capitale ; d'autant plus qu'ils ne cessoient de se plaindre des persécutions que souffroit la Compagnie. Le Déclarant doit ajouter qu'ils disoient pourtant que le Roi les estimoit & étoit content d'eux ; qu'il y avoit même dans le Conseil Royal plusieurs Ministres qui leur étoient favorables ; que pour le convaincre, lui *Navarro*, de la bonne idée que le Roi avoit d'eux, ils lui avoient raconté depuis la sédition, que Sa Majesté plaisantant avec le Marquis de *Valdecarzana*, sur ce qu'il étoit Congréganiste de Notre-Dame de la Lumière, & assistoit aux exercices spirituels du Collège Impérial, avoit dit à ce Marquis, que les autres Grands devroient bien en faire autant ; d'où ces Pères concluoient que les persécutions qu'ils souffroient n'étoient pas sans remède ; & ils l'en avoient convaincu.

157. Qu'il étoit vrai aussi qu'il avoit écrit de cette Capitale à Don NN., (ce qui lui étoit arrivé d'autres fois) pour lui mander qu'on avoit nommé pour son successeur *Don Francisco Bucareli*, qui, à ce qu'on disoit, emmeneroit avec lui quelque Dame ; mais qu'il ne se ressouvenoit point de lui avoir rien écrit sur les Affaires du Gouvernement, & sur les Pères de la Compagnie : Don N N. pourra en rendre témoignage ; & qu'il n'avoit entretenu correspondance avec lui, que pour continuer de l'avoir pour protecteur lorsqu'il seroit de retour.

158. Interrogé sur les papiers que Don *Juan Angel de Olavarrieta* pouvoit avoir à lui ; il répondit qu'il devoit avoir son testament, quelques lettres de Jésuites du Paraguai, & un écrit original de Don N N., que ce Seigneur lui avoit remis signé de sa main, en le chargeant de lui donner son avis sur différens papiers qu'on avoit saisis chez les Indiens des Missions, lors de leur soulèvement ; mais qu'il n'avoit pas été dans le cas de lui donner cet avis, parce que Don NN. avoit envoyé ces papiers à la Cour, les uns en original, & des autres seulement les copies ; que le

Déclarant n'avoit retenu pardevers lui que celui dont il vient de parler, ayant dit, pour ne pas le rendre, qu'il l'avoit déchiré. Qu'il devoit attester que Don N N. s'étoit servi des Pères Jésuites des Missions pour quelques affaires qui y avoient rapport; mais qu'il ignoroit si ce Seigneur l'avoit fait par inclination, & si ce n'étoit point par artifice & pour mieux servir le Roi.

159. Que quoiqu'il fût assuré que le Marquis de *Valdeflores* étoit intime ami du Père *Benavente*, il ne sçavoit pas s'il l'étoit autant du Père *Gonzalez*; qu'il avoit déja déclaré n'avoir été qu'une seule fois dans la chambre *du Père Thomas Cerdà*; qu'il ignoroit pareillement si ce Marquis étoit l'Auteur de l'écrit ou placard du *Contre-Edit*; qu'il penchoit même plus à croire que ce placard étoit l'ouvrage du Père *Benavente*; parce que (comme il l'a déja déclaré) ce fut le Père *Robles* qui lui en donna connoissance, & qu'ensuite le Père *Benavente* lui en parla de manière à lui faire entendre qu'il en étoit l'Auteur; que quand il l'obligea de faire la fausse dénonciation, ce Père lui dit toute la teneur de ce placard, & lui en observa les expressions les plus remarquables: Qu'à l'égard de l'écrit intitulé *le Tribun du Peuple*, il ne pouvoit que confirmer ce qu'il a déja confessé, ajoutant seulement que lorsqu'il rapporta au Père *Benavente* la question que lui fit M. le Président sur cet écrit, ce Père lui recommanda de dire, qu'à la vérité, il ne l'avoit pas vû, mais qu'il en avoit vu un autre qui commençoit ainsi: *Vu par le Fiscal*, & qui contenoit des instructions pour les Confesseurs, & des réflexions sur les mauvais effets que pouvoit avoir la prohibition de semblables écrits; que quoiqu'il n'eut pas vû *Baranchan* composer cet écrit, il avoit néanmoins remarqué qu'il lui avoit vu feuilleter differens livres, comme *les Révolutions de Venise*, *le Père Louis de Grenade*, & autres que ce Père lui nom-

ma (1), pour qu'il pût les répéter à M. le Président, au cas qu'il revînt à l'interroger sur cet écrit : que ce fut en conséquence de cette recommandation du Père *Benavente*, qu'après qu'il eut dit à Son Excellence n'avoir point vu cet écrit, il ajouta tout ce que ce Jésuite lui avoit suggéré, pour faire croire à M. le Président, que ledit écrit étoit l'ouvrage de *Baranchan*.

A toutes les autres questions & interrogats qu'on fit à *Navarro*, il répondit qu'il ne sçavoit rien de plus que ce qu'il avoit déja déclaré.

160. [*Piéce Cour. Fol. 19.*] Comme il résultoit de cette confession que Don *Juan Angel de Olavarrieta* avoit en sa possession la lettre de confraternité de *Navarro*, & autres papiers qui lui appartenoient, M. le Commissaire donna une ordonnance le 9 Juin dernier, tendant à ce que ledit *Olavarrieta* fût tenu de remettre lesdits papiers, & de faire à ce sujet sa déclaration.

161. [*Même Piéce Cour. F. 20*] En exécution de cette ordonnance, *Olavarrieta* cité dit : que *Navarro* lui avoit remis une liasse de papiers, avec un demi-étui doré & rouge, dans lequel il y avoit un parchemin écrit en latin ; que, quoique lui Répondant ne sçache pas cette langue, il lui avoit néanmoins paru que ce parchemin étoit la lettre de confraternité avec les Religieux de la Compagnie : que *Navarro* lui remit ces papiers environ deux mois avant sa prison, & que deux jours après il lui recommanda de les garder chez lui ; qu'il l'avoit fait, à l'exception de la lettre de confraternité, que le Déposant avoit déchirée, lors de l'Edit général qui ordonnoit de remettre ces sortes de lettres, se persuadant qu'il avoit satisfait à l'ordonnance, d'autant plus que cette lettre ne lui appartenoit pas ; mais qu'il est certain qu'elle étoit attachée à ce demi-étui qu'il remet-

(1) Ces livres étoient cités dans l'écrit du *Tribun du Peuple*.

toit, avec la liasse de papiers qu'il reconnut, suivant la description qui va en être faite.

162. [*Fol. 20 à 21.*] Ecrit du *Critique du Duende* (1), en onze feuilles. Autre intitulé, *Songe mystique*. Deux papiers cachetés, sur lesquels il est marqué que c'est le testament de *Navarro*, avec ordre de ne les ouvrir qu'après sa mort. Vingt-neuf lettres signées par le Pere *Raphael de Cordoue*. Quatre du *Pere Diego Horbegosa*, cinq du Pere *Joseph Cardiel*, trois du Pere *Jayme de Torres*, deux du Pere *Cosme Selva y Merjelina*, six du Pere *Joseph Robles*, deux du Pere *Ignace Gonzalez*, & douze autres signées de divers Religieux de la Compagnie, & toutes adressées à *Navarro*. Quatre autres envoyées au même *Navarro*, dont deux sont signées par des Ecclésiastiques, & les deux autres par des Laïcs, & enfin quatre autres anonymes & sans adresse.

163. [*Pièce cour. fol. 22, A.*] Comme dans l'examen de ces papiers on n'avoit point trouvé celui que *Navarro* avoit dit être signé de *Don N N*; & qui concernoit l'avis qu'il avoit déclaré lui avoir été demandé par ce Général, M. le Commissaire ordonna que *Navarro* seroit encore entendu.

164. [*Fol. 23. A.*] Tous les papiers saisis lui ayant donc été représentés, il dit que c'étoit les mêmes qu'il avoit envoyé par son domestique, à *Olavarrieta*, à l'exception de l'écrit intitulé : *Critique du Duende*. Il remarqua néanmoins qu'il y manquoit deux exemplaires du Frere *Gerundio* (2), l'un relié en carton, & l'autre couvert de papiers jaspé, & qu'il les avoit remis à *Olavarrieta* pour les présenter à l'Inquisiteur général, & lui demander la permission de les lire; il déclara aussi que les let-

(1) *Duende* signifie un lutin, un esprit folet.

(2) Ce Frere *Gerundio* est un personnage imaginaire, comme Don Quichotte, & le heros du Roman critique des Prédicateurs. Cet ouvrage, dont un Jésuite est Auteur, est prohibé par l'Inquisition.

tres anonymes lui avoient été écrites par des Peres de la Compagnie.

165. [*Pièce cour. fol. 25.*] Interrogé sur le but & les objets de la correspondance qu'il avoit eu avec les personnes qui avoient écrit les lettres? Il répondit qu'elles avoient été écrites depuis l'année 1761, époque de son retour en Espagne; que ces lettres n'avoient pas d'autre objet que les nouvelles publiques qu'il mandoit, & les affaires de Religion qui concernoient les Jésuites; que les lettres d'une date antérieure étoient relatives aux nouvelles qui couroient touchant les deux Partis entre lesquels la Province de *Buenos-Ayres* étoit divisée, parce que les uns étoient attachés au Parti & aux maximes de *Don N N.*, & les autres au Marquis *de Valdelirios.* Que quant à l'écrit relatif à l'ordre que lui avoit donné *Don N N.*, & qui étoit signé de lui, il croyoit qu'on pourroit le trouver chez lui dans une liasse de copies d'actes.

166. [*Pièce cour. fol. 26. A.*] Sur ce que l'Accusé avoit dit que ce papier pourroit se trouver chez lui, M. le Commissaire s'y transporta, accompagné de l'Officier de la Salle; & l'on y trouva sur une tablette une liasse de papiers, dans laquelle étoit l'écrit qui paroissoit signé de *Don N N.*, dont on faisoit la recherche, & plusieurs lettres de ce Général à *Navarro.*

167. Ledit écrit ne contenoit qu'une liste ou note de différentes lettres écrites par les Indiens à des Officiers de Justice, d'autres adressées à des Commandans, d'autres de Peres de la Compagnie, d'autres de Caciques (1) & Communautés, mais il n'y étoit fait aucune mention des affaires qui étoient l'objet de ces lettres.

168. Après cette liste étoit une Ordonnance signée dudit *Don N. N.*, dont voici la teneur :

« *A Pueblo de San Juan*, 3 Avril 1757. Que » tous les Papiers ci-dessus mentionnés soient remis

(1) Les Caciques sont les Chefs des habitations d'Indiens.

» à *Don Benito Navarro*, afin qu'il les examine, &
» qu'il me rende compte de ce qui en peut résul-
» ter, en me marquant en même-temps les Actes
» judiciaires qu'il convient de faire pour découvrir
» quelles ont été les causes & les auteurs du soule-
» vement des Indiens de ces Cantons ».

169. [*Piéce cour. Fol. 28.*] Comme *Navarro* avoit précédemment déclaré qu'il avoit remis cette Piéce avec d'autres Papiers à *Don Jean-Ange de Olavarrieta*, & que depuis il avoit dit qu'il croyoit qu'on la trouveroit chez lui, ainsi que cela se vérifia ; il fut ordonné qu'il seroit encore entendu à ce sujet. Interrogé sur cette variation ou dissimulation, il répondit que quoique le reproche à lui fait dans l'interrogat se trouve véritable, il étoit néanmoins facile de voir qu'il n'y avoit eu de sa part aucun dessein particulier, puisque toujours il étoit convenu d'avoir la piéce dont il s'agit, & de l'avoir gardée ; mais qu'il n'avoit point pris de note des Papiers qu'on avoit joints avec cette Piéce au Procès. Cette Piéce lui ayant été représentée avec les autres Lettres qu'on avoit saisies, il reconnut qu'elles étoient les mêmes qu'il avoit chez lui, qu'elles lui avoient été écrites par *Don N. N.*, & qu'elles n'avoient d'autre sens que celui qui se présentoit.

170. (*Même Piéce, Fol. 30.*) Après cette confession, M. le Commissaire ordonna que *Don Juan-Angel de Olavarrieta* donneroit sa déclaration sur les deux Exemplaires du Frere *Gerundio*, & les représenteroit ; puisque *Navarro* affirmoit que ledit *Olavarrieta* les avoit en son pouvoir.

171. (*Fol. 30, A.*) En exécution de cette Ordonnance, *Olavarrieta* déclara qu'il étoit certain que *Navarro*, avant que de lui avoir remis la lettre de confraternité, lui avoit donné un Exemplaire imprimé de la premiere Partie de l'Ouvrage dont est question, & quelques cahiers manuscrits de la seconde Partie ; mais qu'ensuite il les avoit repris, en disant que c'étoit pour les faire lire à un ami, & tirer copie du manuscrit.

172. (*Fol. 32. A.*) M. le Commiſſaire ayant remarqué la contrariété des Déclarations de *Navarro* & d'*Olavarrieta* touchant le *Gerundio*, ordonna qu'ils ſeroient confrontés l'un à l'autre. Ce qui fut exécuté.

Confrontation.

173. (*Pièce cour. Fol. 33, A.*) *Olavarrieta* interpella *Navarro* de dire s'il n'étoit pas vrai, que ſur un billet ſigné de lui, & qu'il repréſentoit, il lui avoit rendu une partie de l'Exemplaire manuſcrit du *Gerundio*, & ſi depuis il ne lui avoit pas remis à lui-même le reſte du manuſcrit avec l'imprimé, comme il l'avoit marqué ſur ledit billet, dont voici la teneur :

Billet.

174. [*Pièce cour. Fol. 36.*] Sieur *Don Juan-Angel de Olavarrieta*, mon ami & Seigneur. Je vous prie de remettre au garçon porteur de ce billet, la moitié des cahiers de Frere *Gertindio*, vous laiſſant l'autre moitié pour la lire. Dieu vous garde, &c. Votre fidèle ami, *Navarro*. Au-deſſous ſe trouvent écrites deux apoſtilles, dont la premiere porte : J'ai remis deux cahiers ; & la ſeconde : Il a emporté le tout.

175. *Navarro*, ayant reconnu que ce billet étoit de lui, répondit à l'interpellation, qu'il étoit vrai qu'*Olavarrieta* lui avoit renvoyé les cahiers dont il eſt fait mention dans le billet, peu de temps après qu'il fut revenu de Séville, & qu'il les avoit repris pour les donner au Pere *Benavente*, mais que les deux Exemplaires qu'il lui avoit remis avec les Lettres, & avec celle de confraternité, étoient du premier Tome imprimé, qu'il n'avoit point repris. Ce qu'*Olavarrieta* ayant entendu, il ſoutint que cela étoit faux, puiſqu'il n'avoit jamais eu d'autres Exemplaires ſoit imprimés ſoit manuſcrits, que ceux dont il eſt parlé dans le billet, & que quoiqu'il ne pût pas ſe rappeller préciſément le temps qu'il

les rendit, il croyoit que c'étoit un ou deux mois avant sa premiere Déposition.

176. Alors *Navarro*, à son tour, interpella *Olavarrieta* de convenir que le Dimanche avant sa prise, étant tous les deux dans la Chambre du Pere *Ignace Gonzalez*, ils y parlerent des lettres & des Tomes du *Gerundio*, qu'il lui avoit remis; & qu'il se rappellât que dans ce moment ils se dirent adieu dans les corridors du College Impérial, *Olavarrieta* disant qu'il alloit à la chambre du Pere Procureur de Castille. Mais *Olavarrieta* soutint qu'il ne se ressouvenoit point du tout de ces particularités, & persista dans ce qu'il avoit déclaré. Quant à *Navarro*, il dit qu'il avoit remis au Pere *Benavente* l'Ouvrage manuscrit de *Gerundio*; il avoua pareillement sur l'interpellation d'*Olavarrieta*, & après y avoir fait réflexion, qu'il avoit en sa possession les Ecrits du critique *Duende*, & qu'il falloit que quand il remit les autres Papiers, ils y fussent renfermés. L'un & l'autre ayant persisté dans son dire, on mit fin à cette confrontation.

177. [*Piéce cour. Fol. 35, A.*] Mais M. le Commissaire ordonna à *Olavarrieta* de rester aux Arrêts dans sa maison, avec défense d'en sortir sous peine de mille ducats.

Récolement des Témoins.

178. [*Piéce cour. Fol. 38 à 53.*] En cet état M. le Commissaire récola les Témoins dans leurs Dépositions. Comme il n'y fut rien ajouté de nouveau, il remit le Procès à l'Assemblée extraordinaire du Conseil, qui, par Acte du 14 Août dernier, signé de M. le Procureur Général *Don Pedro Rodriguez Campomanes*, ordonna qu'il lui seroit rendu,

179. [*Piéce cour. Fol. 54.*] Afin qu'en exécution de l'Acte du 8 Avril, mentionné au nombre 144 de ce Rapport, il entendit les défenses que *Navarro* auroit à proposer, après qu'on lui auroit

séulement donné communication de l'extrait qui avoit été fait du Procès, en l'ajournant au terme qui paroîtroit convenable à M. le Commissaire. Quant à ce qui résultoit de l'incident, & de l'Arrêt prononcé contre *Don Juan-Angel de Olavarrieta*, l'Arrêt ordonnoit qu'il en seroit décidé par délibération avec le Conseil, & que pour Promoteur Fiscal il nommeroit, suivant son honneur & sa conscience, tel Avocat qui lui paroîtroit le plus convenable.

180. En exécution de cet Arrêt, M. le Commissaire, par Acte du 19 Août dernier, nomma pour Promoteur Fiscal le Licencié *Don Juan-Antonio Pastor*, & ordonna que l'extrait de ce Procès seroit remis à *Don Benito Navarro*, à l'effet que dans quinze jours pour tout délai, il eût à dire & à produire pour sa défense tout ce qu'il jugeroit à propos.

*Décision sur l'incident d'*Olavarrieta.

181. [*Pièce cour. Fol. 58.*] Le Promoteur Fiscal ayant accepté sa nomination, & fait le serment en tel cas requis, & l'extrait du Procès ayant été communiqué à *Navarro*, il fut délibéré par M. le Commissaire avec le Conseil sur l'incident d'*Olavarrieta.* Tout vu & considéré, le Conseil, sur les Conclusions de M. le Procureur Général, arrêta le 21 dudit mois d'Août, qu'*Olavarrieta* payeroit quatre-vingt ducats d'amende, qui seroient appliqués dans la forme accoutumée, avec admonition de ne plus récidiver dans les cas mentionnés au Procès, sous peine de châtimens plus sévéres; & qu'il seroit remis en liberté, après avoir satisfait à la condamnation prononcée contre lui.

Exécution du précédent Arrêt.

182. [*Fol. 60 & 61.*] En exécution de cet arrêt, signifié à la requête de M. *Don Pedro Rodriguez de Campomanes*, par Acte du 22 dudit mois, il

paya sur le champ l'amende à laquelle il avoit été condamné, & en conséquence il obtint main-levée de la défense qui lui avoit été faite de sortir de sa maison.

Défense de Navarro.

183. [*Même Piéce, Fol. 64.*] Le 19 Septembre *Navarro* présenta sa requête au Conseil, dans laquelle, pour toute défense, il supplioit le Conseil de considérer que ce n'étoit point de son propre mouvement qu'il avoit fait la fausse dénonciation contre *Baranchan*, mais par l'impulsion des Religieux de la Compagnie qu'il avoit nommés, & qui avoient imprimé leurs idées dans son esprit, comme sur une cire molle, lui promettant pleine garantie de tous les événemens qu'il éprouvoit aujourd'hui; que le Pere *Benavente* l'avoit assuré que cette démarche tourneroit à l'honneur & à la gloire de Dieu & de sa Compagnie, & à l'avantage du prochain; que le Pere *Gonzalez* lui avoit donné sa parole, qu'il n'y courroit aucun risque: que vû toutes ces circonstances, il étoit évident que ces Peres étoient les vrais dénonciateurs; que cette vérité étoit clairement démontrée par ses déclarations, & par tout ce qui avoit été prouvé d'ailleurs contre la conduite perverse des Jésuites; que de ces preuves & démonstrations il résultoit qu'ils avoient été les Auteurs & les boutefeux de la sédition, qu'ils en avoient dirigé toute la manœuvre, & qu'au jour anniversaire de cette émeute ils n'avoient fait jetter bas les coëffures des femmes, & les perruques des hommes, que pour exciter encore un plus grand tapage; que ce sont-là autant de nouvelles présomptions, que c'est par leurs conseils qu'il a été induit à faire cette fausse dénonciation; qu'ils ont abusé de l'autorité qu'ils avoient prise sur son esprit dès son enfance, ayant été les maîtres dans la maison de ses pere & mere; qu'il avoit sucé leur doctrine avec le lait, & n'en avoit jamais appris d'autre; qu'il avoit tou-

jours vécu ſous leur empire & leur domination; avec l'obéiſſance d'un enfant envers ſon pere & ſon ſeigneur. Que pour ces conſidérations & autres, il conclud ainſi qu'il eſt rapporté au nombre 6 de ce rapport.

Accuſation du Promoteur Fiſcal.

184. [*Piéce Cour. Fol. 70.*] Cette Requête fut ſignifiée par copie au Promoteur Fiſcal : Il y répondit le 26 Septembre. Pour appuyer les concluſions par lui priſes, & rapportées au nombre 6, il dit, que les moyens allégués par *Navarro* dans ſa défenſe n'étoient d'aucune conſidération ; que ſi les objets & les délits qu'il a dénoncé étoient de nature à ne pouvoir être regardés que comme des injures perſonnelles faites à quelque particulier, ce ſeroit à l'offenſé de ſe plaindre & de ſe défendre ; mais qu'ici c'eſt le bien commun & la tranquillité publique qui ſont intéreſſés, c'eſt au bien public & à l'intérêt de l'Etat, qu'il faut principalement pourvoir.

185. Que c'étoit là ce qui aggravoit notablement la qualité du crime dont l'*Accuſé* étoit prévenu, que ſous ce point de vue il bleſſoit plus le bien public & la paix du Royaume, que la perſonne de *Baranchan ;* que le but & l'objet de la dénonciation avoit moins été d'offenſer ce particulier, que de mettre à couvert & ſous le manteau ceux qu'on avoit tout lieu de regarder comme les coupables, les auteurs & les agens des troubles ; qu'on s'y étoit propoſé de jetter des nuages & de l'obſcurité ſur tous les moyens employés pour découvrir la vérité ; qu'en répandant les doutes de tous côtés ſur cette affaire, on avoit eu intention ou d'accabler l'innocence, ou de garantir de tout péril les vrais Auteurs de ces troubles, ſinon de les préſerver au moins de la rigueur des châtimens qu'ils méritoient. Qu'il eſt donc indubitable que c'eſt ici l'Etat & le bien public qui eſt le principal offenſé.

186. Que la grieveté & l'atrocité du crime eſt donc notoire; parce que dans ce genre de délits tous ſont énormes, qu'il n'y en a aucun de léger, aucun qui ſoit mitoyen entre les deux extrêmes. Quand donc on pourroit, comme l'a obſervé M. le Procureur Général dans ſon Réquiſitoire, avoir égards à la longueur de la priſon de *Navarro*, à la privation où il a été de voir qui que ce fût, & à ſon repentir, ce ne pourroit être que pour adoucir la peine qu'il mérite; mais on ne pourroit en inférer qu'il doit être renvoyé abſous : car la priſon où on l'a détenu pour s'aſſurer de ſa perſonne, n'a & ne peut avoir aucune proportion avec ce que mérite ſon crime.

187. Qu'on ne peut pas dire non plus, qu'il n'ait été que matériellement & non formellement auteur de la dénonciation, ſous prétexte qu'il ne l'a faite que parce qu'il y a été induit & ſollicité par les Jéſuites, qu'il en appelle les auteurs formels; tout ce qui s'enſuit, c'eſt que lui & les Jéſuites en ont tous été très-grièvement & très-formellement coupables. Les Jéſuites l'ont été par le conſeil, par la ſéduction, par la ſuggeſtion, par leurs maximes & par cette doctrine déteſtable & damnable dont ils ont pénétré *Don Benito Navarro*, en lui inculquant qu'il étoit permis en conſcience & même juſte, de faire périr l'innocent pour ſauver ceux qui ſe ſentoient leur conſcience chargée : *Don Benito* l'a été par le fait de la dénonciation, qui eſt un crime auſſi formel & plus encore que le conſeil. Ce ſont-là deux délits différents, quoiqu'ils ſoient de la même nature & du même genre, & qu'il ait la plus grande connexité entre le conſeil dont les Peres ſont les auteurs, & l'exécution dont *Navarro* s'eſt chargé.

188. Qu'à la vérité on doit croire, ſur les preuves convaincantes qu'en fourniſſent les actes du procès, que les Peres de la Compagnie ont engagé, induit & déterminé *Don Benito* à faire la dénonciation dont il s'agit. On ſçait d'ailleurs que

l'homicide par le fer & par le poiſon, commis ſur l'innocent, de quelque qualité qu'il ſoit, quand même il ſeroit dans la plus haute dignité, n'eſt point un crime, ſelon les Jéſuites, ſi la Compagnie y trouve ſon intérêt. C'eſt la doctrine communément enſeignée par leurs auteurs, la pratique en eſt autoriſée par leurs maximes & par leurs inſtructions ſecretes ; quoiqu'elle ſoit condamnée par toute l'Egliſe Catholique, qu'elle ait cauſé un nombre infini de maux & de malheurs, qu'elle ait donné naiſſance aux plus grandes erreurs, & qu'elle ait produit les effets les plus pernicieux, qui ſont connus dans toutes les parties du monde. Mais tout cela ne peut ſervir à excuſer *Don Benito.* Si l'on admettoit de ſemblables excuſes, à peine ſe trouveroit-il un ſeul coupable de quelque eſpèce de crime que ce puiſſe être, qui ne pût en alléguer. La ſéduction, le conſeil, l'ignorance ſeroient l'aſile univerſel de tous les criminels. De pareilles allégations ne peuvent donc montrer qu'un plus grand nombre de complices : on le voit dans les cas de vol, plus encore dans ceux d'homicide ; mais le commandement & le conſeil ne déchargent point de la peine ; leur effet, au contraire, eſt d'augmenter l'énormité du crime.

189. Que l'ignorance de ce qu'on eſt obligé de ſavoir, dans des cas, où, comme dans celui-ci, le devoir ſe montre de lui-même, ne peut pas fournir la plus petite excuſe. A qui, en effet, *Don Benito* pourroit-il faire accroire, qu'il ne ſçavoit pas que c'eſt une action déteſtable de porter contre l'innocent un faux témoignage en matière ſi grave, & de le confirmer par un parjure, pour inculper cet innocent d'un crime auſſi énorme que celui dont il s'agit, & de l'expoſer, par ce moyen, à perdre la vie, ſon honneur & celui de ſa famille ? à qui fera-t-il croire, qu'il n'a pas vu cet enchaînement d'affreuſes conſéquences & d'effets pernicieux qui ſuivroient néceſſairement de ſa démarche : il ſe ſeroit offert tout-à-coup à l'entendement le plus groſſier ?

190. Qu'on ne peut avoir le moindre doute sur l'aveugle obéissance & le dévouement sans borne de *Don Benito* pour tous les Jésuites en général & pour chacun en particulier : les services qu'il leur a rendu au Paraguai le démontrent. Mais par ces services mêmes, il a grièvement offensé la Majesté Royale & l'Etat, il a mérité le dernier châtiment, puisque pour les rendre il a sacrifié son honneur & la fidélité qu'il devoit au Roi, & leur a préféré cette vile récompense que les Jésuites lui ont donnée, en lui conférant les titres de leur affilié, de leur confrère, avec la promesse de lui procurer un emploi de Magistrature en Amérique, à quoi ils auroient eux-mêmes trouvé leur intérêt. Tous ces faits n'offrent-ils pas les preuves convaincantes d'une secrete ligue offensive, formée entre lui & les Jésuites contre le bien de l'Etat? C'est ce que démontre plus particulièrement ce passage latin que lui a cité le Pere Benavente (1). Cette parole, dans le sens que ce Jésuite la lui a fait entendre, il l'a reçue de sa bouche comme un oracle infaillible, digne de tout son respect & qu'il ne devoit pas hésiter de mettre à exécution; c'est cet oracle qui lui a fait livrer son corps & son ame pour les Jésuites ses amis; c'est cet oracle qui l'a rendu cruel & impitoyable pour lui-même, afin de montrer l'ardeur de son amour pour des gens qui ont manqué de toute charité à son égard, en le précipitant dans l'abîme où il se trouve.

191. [*Pièce cour. fol. 12.*] La copie de cet écrit fut signifiée à l'Accusé le 28 Septembre dernier.

Arrêté du Conseil.

192. [*Pièce cour. fol. 74.*] M. le Commissaire remit le procès en cet état au Conseil extraordinaire

(1) *Majorem caritatem nemo habet ut ponat quis animam suam pro amicis suis.*

ment assemblé le 2 Octobre dernier. Sur quoi intervint Arrêt, portant que le procès seroit renvoyé audit sieur Commissaire, afin que, eu égard à l'énormité du cas, il donnât son avis, après avoir entendu le Promoteur Fiscal & l'Avocat de *Navarro* : qu'à cet effet, il seroit fait rapport dudit procès dans la salle de visite de la prison de la Ville (1); dans laquelle, après le vu du procès, *Navarro* seroit admis à proposer de vive voix tout ce qu'il auroit à dire pour sa défense; après quoi ledit sieur Commissaire rédigeroit sa Sentence pour en délibérer avec le Conseil, avant que de la publier à la poursuite & diligence du sieur *Don Joseph Mognino*, Fiscal du criminel.

193. En exécution de cet Arrêt, M. le Commissaire indiqua le 19 d'Octobre pour la visite du procès & l'expédition des autres actes requis, & pour le tout être fait dans le lieu ordonné par l'Arrêt. Ce qui ayant été exécuté, mondit sieur le Commissaire rédigea sa Sentence le 22 du même mois d'Octobre.

Sentence de M. le Commissaire.

194. [*Pièce cour. fol. 78.*] Par cette Sentence il condamna *Don Benito Navarro* à être conduit & renfermé pendant quatre ans dans la Citadelle de Saint-Philippe à l'embouchure du Ferrol, sous bonne & sûre garde, & après lesdites quatre années, au bannissement pendant les six années suivantes, à quarante lieues de cette Capitale, & de tous les endroits où la Cour a coutume de résider; à lui enjoint de certifier au Conseil le lieu où il se retirera, par attestation des Juges dudit lieu, ce qu'il sera tenu de faire tous les six mois, & que pendant le tems dudit bannissement, & icelui expiré, il ne

(1) Pour entendre cette procédure, il faut sçavoir qu'en Espagne les procès ne se jugent qu'après qu'un Officier, qu'on appelle *Relator* ou Rapporteur, en a fait le rapport devant les Juges, ayant à ses côtés les Avocats des Parties, pour le contredire s'il n'est pas exact dans son rapport.

pourra être pourvu d'aucune charge, commission ou emploi au service de Sa Majesté, ni en solliciter aucun, sans en avoir préalablement obtenu la permission du Conseil ; & à l'égard de *Baranchan*, attendu qu'il a donné pleine satisfaction pour tous les cas à lui imposés, il lui sera fait pleine main-levée des arrêts mis sur sa personne, tant pour cette Ville que pour les fauxbourgs ; & ledit *Navarro* sera condamné en tous les dépens du procès.

195. Le procès & la Sentence intervenue sur icelui ayant été remis au Conseil, & le tout vu dans l'assemblée extraordinaire du 23 dudit mois ; ladite Sentence fut confirmée dans tous ses Chefs, & il fut ordonné qu'elle seroit renvoyée audit sieur Commissaire, pour procéder à l'exécution d'icelle ; ce qui a été ainsi fait & parfait.

Tel est l'exposé de tout ce qui résulte dudit procès. Fait à Madrid le 22 Décembre 1767.

Ainsi signé, le Licencié *Don Joseph Maldonado* Rapporteur.

ACTES AUTHENTIQUES

Qui prouvent l'obstination des Religieux expulsés & de leurs adhérans, portée jusqu'à supposer de faux miracles, pour exciter & entretenir le fanatisme au sujet de leur rétablissement.

AVERTISSEMENT.

IL n'y a rien de plus rédoutable que le fanatisme, & l'abus que font des gens mal-intentionnés de la crédulité des simples & des ignorans, tantôt en leur inspirant des opinions criminelles, attentatoires à la tranquillité publique, pour les exciter à des actes de soulevement, tantôt en les pratiquant par la voie de l'illusion, & leur faisant accroire de fausses révélations & de faux miracles, pour les detourner du respect dû aux dispositions émanées du Gouvernement.

Les Religieux de la Compagnie de Jesus, expulsés des Etats Espagnols, ont toujours sçu tirer par leur doctrine & leur conduite le plus grand parti de cette sorte d'artifices; l'Espagne en a vu les plus grand effets, auxquels elle a toujours apporté remède: son histoire en présente un grand nombre d'exemples.

Chassés en conséquence de la Pragmatique Sanction du 2 Avril 1767, ils ont commencé par répandre en Italie une révélation forgée dans la tête d'une Religieuse de Castelo, Ville des Etats du Pape, qui prophétisoit le retour de la Société des Jésuites dans les Royaumes d'Espagne.

Aussi-tôt ils firent parvenir en Espagne cette fourberie, & controuverent encore, par le moyen de leurs émissaires, un faux miracle prétendu arrivé en Murcie, & tendant à la même signification: c'étoit un rameau de Thérebinthe qui avoit reverdi dans un Couvent de Religieuses:

Ils firent encore courir dans tout le Royaume cette chimère, & la répandirent jusques dans le Portugal par des émissaires & des amis de leur Société.

Assuré de ces deux impostures, le Conseil a adressé à tous les Ordinaires Ecclésiastiques & aux Supérieurs des Ordres réguliers, l'ordre circulaire du 28 Octobre 1767, dont voici la teneur :

Le Conseil ayant sous les yeux plusieurs Mémoires particuliers, & statuant sur la Requête des deux Procureurs Généraux du Roi au sujet des prétendues prophéties, & des révélations fanatiques de quelques Religieuses qui ont pour objet le retour des Religieux de la Société de Jesus, & informé des impressions séditieuses qui sont sorties de quelques Cloîtres à ce sujet, a reconnu que toute cette fermentation prend sa source dans de l'abus que font de leur ministère leurs Directeurs spirituels, imbus des maximes & de la doctrine de cette Société bannie, qui dirigeoit ces mêmes Religieuses avant la publication de la Pragmatique Sanction du 2 Avril de cette année.

Cette profanation a non-seulement l'effet de troubler la tranquillité des Maisons Religieuses où elle se commet, d'inspirer entre les Religieuses la division & l'esprit de parti, de les échauffer sur les affaires du gouvernement, dont la discussion ne convient ni à la foiblesse de leur sexe, ni à la retraite qu'elles professent ; mais encore elle tend sourdement à répandre dans le public un levain contraire à la tranquillité de l'Etat ; personne n'étant porté à croire, si l'on n'y est forcé par des démonstrations évidentes, que des Ministres évangéliques sement la sédition & y préparent leurs pénitens, sous prétexte de diriger leur conscience.

Il ne faut pas omettre de dire, à l'éloge des Supérieurs Réguliers, que dans les Couvens qui dépendent d'eux, il est fort rare qu'il arrive rien de semblable ; mais rien n'est plus commun dans les Couvens qui sont sous l'autorité des Evêques, & que les Jésuites dirigeoient, ou dans ceux qui, à la ſuggeſtion de ces mêmes Religieux, du tems qu'ils exiſtoient, cherchoient à ſe ſéparer de la juriſdiction des Evêques.

Pour extirper du Sanctuaire une abomination ſi criminelle, en vertu de la protection dûe par le Souverain à la profeſſion Monaſtique, & pour réprimer dans le Royaume des voies auſſi condamnables par l'autorité Royale de S. M., le Conſeil aſſemblé extraordinairement le 20 de ce mois, a ordonné qu'il fût adreſſé à tous les Evêques du Royaume, & à tous les Supérieurs des Ordres Réguliers, une inſtruction circulaire, contenant injonction très-expreſſe de s'appliquer avec tout le zèle dont ils ſont capables, à empêcher le cours de doctrines ſi pernicieuſes, à diſſiper ce fanatiſme dans les Couvens de Religieuſes, & à ne pas ſouffrir qu'au lieu de Paſteurs vigilans, elles ayent des loups qui diſperſent le troupeau. Par les mêmes inſtructions, il leur ſera recommandé de ne pas héſiter à éloigner promptement toutes les perſonnes ſuſpectes, qui abuſent de leur aſcendant ſur l'eſprit ſimple des Religieuſes, & de ne confier leur conduite qu'à des perſonnes ſi ſûres & d'une doctrine ſi ſaine, qu'on en voye réſulter un renouvellement de la régularité religieuſe, & en même tems de la fidélité & du reſpect dû aux deux Puiſſances; que tout levain d'agitation & d'inquiétude ſoit banni des Cloîtres, & que les Religieuſes ſoient pénétrées du reſpect qui eſt dû aux diſpoſitions du Souverain & de ſon Conſeil, dont l'autorité eſt celle de Dieu même, que le Souverain exerce au nom de Dieu ſur les Peuples de ſon Empire.

Je fais part à Votre Grandeur de ces ordres du Conſeil, pour que vous leur donniez l'exécution la plus ponctuelle & la plus prompte; & s'il arrivoit que le Conſeil, attentif comme il l'eſt à tout ce qui intéreſſe l'ordre public, reconnût quelque négligence dans l'exécution de ces ordres, il ne pourroit le voir avec indifférence, les intérêts de l'Egliſe & de l'Etat y étant également compromis. Il eſpere espère que pour ce qui vous concerne, vous répondrez exactement à des intentions si justes, & que vous lui accuserez la reception de ce paquet, en m'en informant, & en joignant à votre lettre copie authentique des ordres, Instructions Pastorales ou autres Actes de votre autorité, qui seront adressés, sans délai, à tous Couvens de Religieuses, & à toutes autres personnes qu'il appartiendra.

Que Dieu vous garde longues années. A Madrid, 23 Octobre 1767. D. Joseph Mognino. A l'Illustr. Evêque de Majorque.

Le zèle de tous les Prélats a parfaitement répondu aux intentions que le Conseil leur avoit notifiées en termes si pressans; mais le fanatisme opiniâtre des Religieux expulsés continua de semer l'illusion dans l'Isle de Majorque, pays plus voisin que les autres de leur retraite, & qui, depuis plusieurs années, étoit déja en fermentation, sous prétexte de l'affaire de Raymond Lulli. Ils répandirent dans le bas peuple un troisième miracle supposé, attribué à une statue de N. D. de la Conception, placée au haut du portail de l'Eglise de Monte-Sion, ci-devant appartenante aux Jésuites, dans la ville de Palma, Capitale de Majorque, comme si l'objet des miracles pouvoit jamais être de soulever les peuples & d'autoriser les troubles.

Sans doute que les auteurs de cette intrigue ont été trompés par l'évenement, qui n'a servi qu'à démontrer, sans replique, l'abus que faisoient de la Religion ces Religieux & leurs partisans, pour tenir tête, sans s'embarrasser des moyens, à tous les Gouvernemens & à toutes les Puissances, & à dévoiler les ressorts sacriléges qui sont familiers à l'esprit de révolte qui leur est propre.

Le public doit être instruit d'un fait qui ne peut être révoqué en doute, puisqu'il porte le sceau de l'autorité solemnelle du Tribunal Royal de Majorque, consigné dans un Arrêt publié en conséquence par le Commandant Général, Président de ce Tribunal, dans le Château Royal de Palma, le

17 Janvier 1768, & dans un Mandement du Révérend Evêque D. *François Garrido de la Vega*, en date du 22 du même mois, desquelles pièces on va voir la teneur, avec le Procès-verbal fait par Matthieu Estade, Notaire, employé dans cette affaire dès son origine, en date du 20 du même mois.

PROCÈS-VERBAL.

Moi Matthieu Estade, Notaire public, Apostolique & Royal, natif & citoyen de cette ville de Palma, & commis par le Tribunal Royal par acte du 15 des présens mois & an, pour la rédaction de tous les actes relatifs à l'exécution de la détermination prise par la Chambre Royale de ce Tribunal le 14 du courant, au sujet de ce qui est arrivé dans la place du Collège de Monte-Sion, ci-devant occupé par les Religieux de la Compagnie du nom de Jesus, CERTIFIE ET ATTESTE que, des actes concernans cette affaire intervenus jusqu'à ce jour, résulte ce qui suit :

Que le 14 du courant, aux environs de dix heures du matin, D. Antonio Bisquerra, Assesseur de l'excell. Seigneur Capitaine Général pour la prise de possession des biens qui ont appartenu aux Jésuites de cette Isle, fit savoir au Tribunal Royal, par ordre de son Excellence, qu'aux environs de huit heures & demie de la même matinée, passant devant ledit Collège pour la continuation des opérations dont il étoit chargé, il avoit trouvé vis-à-vis la principale porte de l'Eglise un attroupement d'environ cent cinquante personnes, tant hommes que femmes & enfans ; qu'approchant du Collège, il avoit demandé ce qu'il y avoit de nouveau, & qu'il lui avoit été répondu que tout ce peuple étoit amassé pour voir N. D. de la Conception, statue entière placée au haut du portail de cette Eglise, & qu'on disoit que ci-devant cette statue avoit les mains jointes, au lieu qu'on les lui voyoit alors croisées sur la poitrine, & tombant sur les deux côtés de la ſtatue : que bien aſſuré qu'il n'y avoit rien de nouveau dans cette ſtatue, mais entendant un murmure ſourd parmi ce peuple, & voyant que l'attroupement groſſiſſoit toujours, & que la populace affluoit pour voir ce prétendu miracle, il avoit donné ordre à l'eſcouade qui étoit à la garde du Collége, du faire écarter la preſſe, & de poſer des ſentinelles pour empêcher qu'il ne ſe formât une plus grande affluence. Ce que le Tribunal Royal ayant appris, il en fit paſſer l'avis au ſieur Don Phillippes Miralles, Auditeur dans le même Tribunal, & le chargea d'en faire des informations, & de prendre toutes les meſures qu'il jugeroit utiles pour découvrir & vérifier & le fait & ſes cauſes, & ſes ſuites.

Auſſitôt que cette délibération eut été priſe par le Tribunal Royal, le Commiſſaire ſortit avec Marc-Joachin Rozello, Notaire, qu'il nomma pour tenir la plume, & paſſa aux environs de dix heures & demie du matin au lieu où on diſoit que le miracle étoit arrivé, accompagné du Greffier & d'un Auditeur, pour faire toutes les opérations qui ſe trouveroient convenables : & en paſſant dans le premier endroit d'où pouvoit ſe découvrir la place de ce Collége, il obſerva, & dans cette place & dans tous ſes entours, un grand nombre de perſonnes de tout ſexe & de tout âge ; & approchant de plus près il entendit un bruit ſourd qui faiſoit comprendre que quelque choſe d'extraordinaire agitoit ce peuple : il remarqua auſſi quelques ſoldats qui gardoient les abords de la place, & en écartoient ceux qui vouloient y entrer.

Qu'alors le Commiſſaire ne pouvant, du milieu de la place, obſerver avec aſſez d'exactitude & de netteté la ſtatue, ni monter à l'endroit où elle étoit placée, ordonna qu'il en fût fait deſcription par deux Experts, un Sculpteur, & un Charpentier, pour l'exécution de laquelle ordonnance on ſe pourvut auſſitôt d'échelles & de cordes, & auſſitôt les deux Experts étant arrivés, firent leurs observations & leur description de la statue. Ensuite serment pris d'eux, ils déclarerent que la statue étoit de pierre du pays, d'une piéce, sans fracture ni autre défaut, de onze palmes de haut, qu'elle avoit les bras croisés sur la poitrine, & un peu abbaissés le long du côté gauche, bien ferme dans son assiette, & absolument scellée, comme si elle sortoit des mains de l'ouvrier, & qu'elle étoit placée à quarante-huit palmes & demie de hauteur. Toutes ces opérations faites, l'Auditeur Commissaire n'entendant aucun bruit, ni voix tumultueuse en cet endroit, quoique le concours fût toujours égal ou même plus grand, & attendu qu'il étoit une heure trois quarts après-midi, chargea l'Assesseur de la commission nommée pour la prise de possession des biens des Jésuites, de donner les ordres nécessaires à l'escouade qu'il avoit en sa disposition, pour procurer une parfaite tranquillité & le calme le plus grand dans le peuple, & il se retira.

L'après-midi du même jour 14, & le lendemain 15, l'Auditeur Commissaire reçut les dépositions de huit témoins, desquelles il résulte, que,

Don Antoine Bisquerra, premier témoin, dépose qu'étant dans sa maison peu éloignée de la place, il entendit un bruit sourd dans la rue aux environs de sept heures & demie du matin du même jour 14 ; qu'un Ecclésiastique lui dit que la place du Collége étoit pleine de peuple, qui prétendoit qu'il étoit arrivé un miracle dans la statue de Notre-Dame de la Conception, placée au haut du portail de l'Eglise, & que l'on disoit que cette statue avoit aujourd'hui les mains croisées sur la poitrine, tandis qu'elle les avoit jointes auparavant : que sur cet avis il se rendit aussitôt au Collége, & en sortant de sa maison, il vit la rue pleine de monde qui accouroit à la place ; qu'il traversa cette place, & qu'aussitôt qu'on le vit, les voix cesserent de s'élever, mais qu'au milieu du murmure sourd, il entendit une voix de femme qui disoit en langage du pays, *Pauvres Jésuites, on reconnoît à présent leur innocence*, & une autre qui dans le même langage disoit, *La Conception se déclare pour les Jésuites.* Qu'arrivant à la porte du Collége, il fit mettre sous les armes la troupe qui y monta la garde, avec la consigne de n'y laisser entrer que les personnes désignées dans la commission, & de fermer les portes s'ils voyoient le concours s'augmenter, & en attendant, de faire sortir quatre soldats, qui, avec honnêteté & sans maltraiter personne, fissent évacuer la place. Que ces ordres donnés, il alla en rendre compte à l'Excellentissime Capitaine Général, lequel aussitôt qu'il eût reçu ces avis, lui ordonna d'aller, sur le champ, les porter au Tribunal Royal, & l'informer de tout ce qu'il venoit de lui dire. Que depuis, aux environs de midi & un quart, le Docteur Jean Vela, Prêtre, lui dit qu'aux environs de six heures & demie du matin du même jour 14, il avoit ouvert la fenêtre de sa maison qui donne sur la place, & demandé d'où venoit tout le bruit qu'il entendoit, & qu'en réponse, on lui raconta l'histoire de ce prétendu miracle, & qu'en refermant la fenêtre d'un air peu convaincu de ce miracle, il avoit entendu des voix s'élever de la place qui crioient, *Marrel est damné, tous les Marrels sont aussi damnés que le Roi, & ceux qui ont chassé les Jésuites.* Qu'il sçait que la statue de Notre-Dame de la Conception étoit au milieu du mois de Décembre précédent dans le même état qu'elle est aujourd'hui.

Sur l'article du concours des peuples, tous les témoins, quoiqu'avec quelque différence, dans l'opinion qu'ils avoient du nombre des personnes attroupées, se sont trouvés d'accord à dire qu'il y avoit eu ce jour concours sur cette place ; ils ont aussi déposé uniformément avoir entendu dire au Docteur Jean Vila, Prêtre, qu'on avoit crié, *Marrel est damné, tous les Marrels sont aussi damnés que le Roi, & ceux qui ont chassé les Jésuites.* Jean Vila, troisième témoin, atteste ce fait comme les autres témoins, & dépose avoir oui dire au même Docteur Jean Vila, qu'il avoit été proféré sur cette place des paroles séditieuses, comme celle-ci, *ces Marrels sont damnés comme l'est le Roi*, & autres paroles criminelles qu'il n'avoit pas présentes à l'esprit.

Il en résulte aussi, que le Docteur en Médecine, Gabriel Oliver, sixieme témoin, dépose que le 13 du mois courant, après midi, il étoit chez Ignace Mas, Tanneur, lequel lui dit tenir de Gabriel Deya, Boulanger, que Jérôme Mas lui avoit dit que cette même après-midi, passant devant l'Eglise du Collége de Monte-Sion, il avoit remarqué que la statue de la Sainte Vierge, élevée sur le portail de la principale entrée, avoit les bras croisés, quoiqu'auparavant, à ce qu'il pensoit, elle eût les mains jointes : Que sur cet exposé que la Vierge avoit les bras en croix, lui qui dépose avoit répondu, *il faut qu'elle ait dessein* (c'est-à-dire la Vierge Marie) *de leur dire de prendre patience*; & sur la demande qui lui a été faite de ce que vouloit dire cette réponse, il a dit que ce qu'il avoit entendu, étoit que quoique les Jésuites fussent sortis d'Espagne, la Vierge, par cette nouvelle maniere de tenir ses bras, sembloit dire à ces mêmes Jésuites de prendre patience, & que sa réponse n'avoit pas eu un autre sens.

Ignace Mas, Tanneur, entendu en déposition, Témoin septieme, dépose que le 11 ou le 13 de ce mois, entre trois & quatre heures après midi, Gabriel Deya, Boulanger, lui dit, en présence de Sébastien Ropis, Marchand de bestiaux, que Jérôme Mas lui avoit dit dans l'Eglise de Sainte Olalla, avoir vû & remarqué que la statue de la Vierge, placée au haut du principal portail de l'Eglise du Collége de Monte-Sion, tenoit actuellement ses bras en croix; qu'il ne peut pas déclarer avec certitude si le même Gabriel Deya lui dit que Jérôme Mas lui eût ajoûté que la même ſtatue avoit auparavant les mains jointes. Se ſouvient auſſi que le Docteur en Médecine, Gabriel Oliver, lorſqu'il apprit cette nouvelle, répondit : *Il faut qu'elle ait deſſein de leur dire de prendre patience.*

Gabriel Deya, Boulanger, huitieme Témoin entendu en dépoſition, dit être aſſuré que le mardi, 12 du courant, environ onze heures du matin, dans l'Egliſe de Sainte Ollala, Jérôme Mas, Tanneur, lui dit tout bas & comme lui confiant un ſecret; *Croyez-vous que j'ai remarqué que la ſtatue de la Sainte-Vierge, placée au haut du grand portail de l'Egliſe du Collége de Monte-Sion, tenoit ci-devant ſes mains jointes, & qu'aujourd'hui elle a ſes bras en croix?* & qu'en même-tems il l'imita avec ſes propres mains : Que le 15, le jour même que le témoin fit ſa premiere déclaration, il avoit rencontré le même Jérôme Mas, entre huit & neuf heures du matin, ſur le chemin qui va à l'Egliſe de Sainte Olalla, & lui dit : *Le Conſeil ne veut pas qu'on diſe rien de ce qui eſt arrivé hier.* Ajoûte être ſûr que le mercredi, 13 après midi, il avoit été avec Sébaſtien Lopis chez Ignace Mas, & y avoit conté la même choſe que Jérôme Mas lui avoit dit dans l'Egliſe de Sainte Olalla, & que tout le monde ſe mit à rire.

Le 15 ſuivant, vers onze heures du matin, pendant que les Seigneurs du Tribunal Royal étoient allés prendre leur manteau, le Procureur général de Sa Majeſté entra dans la Chambre & y préſenta un réquiſitoire pour être reçu par le Greffier, dans lequel, après le récit de ce qui étoit arrivé le 14 au ſujet du prétendu miracle, il expoſoit que l'attroupement nombreux, le tumulte & les clameurs populaires qu'avoit excité l'illuſion faite aux peuple par l'annonce d'un miracle ſuppoſé, étoit notoirement prohibé, comme ſuſcitant une fermentation contraire à la tranquillité publique, ſur-tout eu égard aux conjonctures & aux diſpoſitions actuelles, &

attendu les Ordonnances récentes de Sa Majesté ; tendantes à extirper tous principes & toutes voies analogues à ces évenemens, qui ont déterminé les vues souveraines & pleines d'équité de Sa Majesté & de son Conseil Royal à arrêter leurs suites & leurs progrès : Qu'il étoit donc indispensable de prendre les voies les plus sûres, les plus promptes & les plus efficaces pour vérifier si l'évenement actuel tenoit à des principes qui eussent quelque connexité avec ceux qui avoient donné lieu aux résolutions du Roi : & pour parvenir à cet éclaircissement, il proposoit les observations suivantes résultantes des connoissances qu'il avoit déjà acquises. La premiere, que dès l'après-midi du 13 il avoit déjà été remarqué qu'il se formoit des pelotons de peuple, qui s'arrêtant fixément vis-à-vis la porte du Collége, au lieu où est élevée la statue, la regardoient avec grande attention & s'entre-parloient : premier essai d'attroupement, dont la tentative antérieure d'un jour à celui qui a donné lieu à un tumulte plus considérable, prouve qu'il y avoit une partie liée secrétement pour former, de propos délibéré, l'émotion du 14 au matin : la seconde, qu'on distingua une voix entre toutes les autres qui proféroit ces paroles ; *Pauvres noyez ! actuellement se manifeste leur innocence* : expression de *noyez* qui fait allusion aux Religieux de la Société des Jésuites, à qui on avoit donné ce nom dans le pays : & une autre voix qui disoit, *la Sainte Vierge se déclare pour eux* ; ce qui étoit suivi d'autres paroles qui indiquoient le plus grand ressentiment sur la détermination prise par le Roi, pour expulser les Jésuites de ses Etats, y ayant, pour ainsi dire, des refrains qui se faisoient entendre, formés d'expressions semblables contre la sacrée personne du Roi (que Dieu conserve) ; ce qui est le dernier degré auquel puisse se porter l'excès d'une licence si criminelle. Il rappelloit ensuite l'Ordonnance Royale du suprême Conseil au sujet de prétendues prophéties & de révélations fanatiques de quelques Religieuſes ſur le retour deſdits Religieux expulſés, comme auſſi les Inſtructions paſtorales que les Evêques & les autres Prélats de l'étendue de l'Eſpagne avoient données à leurs Peuples & envoyées à leur Clergé & aux perſonnes ſoumiſes à leur autorité, pour s'acquitter des obligations de leur Miniſtere, & ſatisfaire à ladite Ordonnance Royale, en prévenant les effets funeſtes que pouvoient occaſionner contre la tranquillité publique ces fixions & ces ſuperſtitions ſorties des cloîtres; il obſervoit que dans l'occaſion préſente les mêmes motifs s'élevoient avec encore plus de force contre des tentatives ſemblables du fanatiſme, dont on apperçoit un foyer & un levain ſecret, & qui ſe maſquent & s'établiſſent à l'ombre d'un miracle ſuppoſé. Inſiſtant enſuite ſur la néceſſité de manifeſter les ſuffrages du Tribunal ſur la très-juſte expulſion des Jéſuites, il concluoit à ce qu'il fût fait une inſtruction exacte & régulière de délits ſi graves, & qu'à cet effet il fût procédé de la manière la plus capable de parvenir à faire ſubir des peines proportionnées & exemplaires à ceux qui ſeroient convaincus d'avoir ou ſuſcité, ou fomenté l'émotion; & obſervant qu'il étoit également néceſſaire, pour la formation légale du procès, que les Notaires qui en ſeroient chargés euſſent les qualités convenables d'eſprit & de conduite, il demanda que le Tribunal délibérât ſur ce Réquiſitoire.

LA COUR, oui le Réquiſitoire du Procureur Général de Sa Majeſté, par Arrêt du même jour & heure que le Réquiſitoire lui fut préſenté, ordonna qu'il fut remis au Seigneur Don Philippe Mirallez, avec charge de procéder dès le même jour, 14, à la vérification de l'attroupement qui s'étoit remarqué aux environs de l'Egliſe dudit Collège, afin que continuant cette procédure avec la plus grande célérité, il conſtatât tout ce qu'avoit expoſé le Procureur Général de Sa Majeſté dans ſon Réquiſitoire; & afin que rien ne pût diſtraire de l'application ſans relache, néceſſaire à cette importante affaire, elle en déchargea Marc-Joachin Roſello, Notaire & Greffier, qui, dans la matinée du même jour, 14, avoit été nommé ſubitement, au préjudice de la multitude de ſes occupations univerſellement connues & entraînées par la multitude des emplois qu'il remplit; & je fus nommé à ſa place Greffier, quoique déja occupé avec deux autres nommés conjointement avec moi pour la confection des actes concernant l'inventaire & la priſe de poſſeſſion des biens des Jéſuites, l'Aſſeſſeur qui eſt à la tête de la Commiſſion ayant jugé qu'il n'en réſulteroit point de retardement conſidérable dans ces opérations.

En conſéquence de l'Arrêt précédent, Don Antoine Biſquerra, Aſſeſſeur de la ſuſdite Commiſſion, fut informé de cet Arrêt, qui me fut auſſi notifié avec la réponſe de l'Aſſeſſeur, à quoi je répondis que j'acceptois la Commiſſion qui m'étoit donnée. Enſuite, vers cinq heures & un quart après-midi, le Greffier en chef Criminel remit entre les mains de l'Auditeur-Commiſſaire le Réquiſitoire du Procureur Général, & l'Arrêt intervenu, & l'Auditeur ordonna à l'inſtant qu'ils fuſſent inſérés dans le procès, en tête des préſentes procédures.

Le 16 du même mois, continuant les procédures précédentes, furent entendus ſix témoins. Le premier, qui eſt Jérome Mas, Tanneur, neuvième témoin, entendu au ſujet des faits déclarés par Gabriel Deya, Boulanger, huitième témoin; ſçavoir, que le mardi, 12, environ dix heures du matin, dans l'Egliſe de Sainte Olalla, ledit Jérome Mas avoit dit à voix baſſe, & comme confiant en ſecret: *Croiriez-vous que j'ai obſervé que la ſtatue de la Sainte Vierge, placée au haut du grand portail de l'Egliſe du Collège de Monte-Sion, avoit précédemment les deux mains jointes, & qu'aujourd'hui elle a les bras en croix*, a déclaré que cela étoit vrai, & que ce jour, au lieu & heure indiqués, il dit à Deya préciſément ce qui vient d'être rapporté ; & enquis sur le sens & l'intention de ce mot, il dit que cette même matinée du 12, avant qu'il fût sorti de chez lui, sa fille & sa servante lui avoient dit que des femmes qui avoient passé, & qui étoient entrées dans la maison, le leur avoient dit.

Jeanne-Anne Mas, onzieme Temoin, fille du Temoin précédent, entendue en déposition sur le même fait, déclare être incertaine si dans la matinée du 12 elle a parlé à Jerôme Mas son père ; être également incertaine si une autre femme lui avoit appris ce même fait. Déclare seulement que le Mardi 12 après-midi elle passoit avec sa servante devant le Collège de Monte-Sion, & cette servante lui dit, *est-ce que le vent auroit fait tomber les mains à la Sainte Vierge ?* à quoi elle répondit, *je m'appercois qu'elle les tient en croix.* Et le soir elle demanda à son père si la statue de la Conception élevée au haut du portail de l'Eglise de Monte-Sion, avoit précédemment les mains jointes, & que son pere lui ayant répondu qu'il croyoit qu'elle les avoit jointes, & lui ayant demandé, *comment donc les a-t-elle à présent*, elle lui répondit *en croix.* Qu'elle ne se rappelle pas si elle ou sa servante ont dit à son pere que la Sainte-Vierge eût précédemment ses mains jointes.

Cathérine Flex, douzieme Témoin, servante de Jerome Mas, entendue en déposition sur le fait dont Jerôme Mas avoit deposé, déclare qu'il est conforme à la vérité, & que le même jour 12, vers les sept heures & demie, ou bien huit heures du matin, deux femmes entrerent dans la maison dudit Jerôme Mas, & dans l'endroit où étoit la déposante avec Jeanne-Anne Mas onzieme Temoin, & dirent qu'elles avoient passé devant l'Eglise de Monte-Sion, & avoient remarqué que la statue de la Sainte Vierge, qu'elles sçavoient avoir eu jusqu'alors les mains jointes, avoit aujourd'hui ses bras en croix : qu'elles en firent part à Jerôme Mas avant de sortir de chez lui, & ayant indiqué ces deux femmes par des signalemens suffisans pour les reconnoître, elles furent entendues en déposition, & furent les treizieme & quatorzieme Temoins, lesquels déposérent sçavoir.

Magina Bover, treizieme Temoin, qu'elle avoit passé devant l'Eglise de Monte-Sion, & avoit observé que la statue de la Sainte Vierge avoit les bras en croix, & que Jeanne-Anne Mas, onzieme Temoin, lui dit qu'elle l'avoit déja observé dans la même matinée, & qu'elle ne se rappelloit pas distinctement si elle avoit dit que précédemment la statue de la Sainte Vierge eût les mains jointes.

Cathérine Bover, quatorzieme Temoin, déposa que dans la matinée du 12 elle entra seule dans la maison de Jerôme Mas, & dit à Jeanne-Anne Mas, onzieme Temoin, qu'elle avoit oui dire que la statue de la Sainte Vierge placée sur le portail de l'Eglise de Monte-Sion, qu'elle sçavoit avoir eu jusqu'alors les mains jointes, avoit aujourd'hui les bras en croix, & qu'au moment où elle dit cela, il n'y avoit de présent que ladite Jeanne-Anne Mas, ne se souvient pas si la servante nommée Flex, onzieme Temoin, y étoit aussi présente.

Le même Jerôme Mas, enquis de nouveau sur le fait déclaré par Gabriel Deya, huitieme Temoin, que le 14, entre 8 & 9 heures du matin, devant la porte de l'Eglise de Saint Olalla, il avoit dit, *le Conseil ne veut pas qu'on dise rien de ce qui est arrivé hier*, répondit que ce qu'il avoit dit le 14 à l'heure & au lieu indiqué, signifioit qu'il ne vouloit rien sçavoir de ce que Gabriel Deya lui avoit dit, sinon *vive la foi & vive le Roi.* Enquis quel motif il avoit eu de dire qu'il ne vouloit rien sçavoir de ce que Deya lui avoit dit, sinon vive la foi & vive le Roi, il répondit que c'étoit, parce qu'ayant rencontré le même Gabriel Deya, celui-ci lui dit : *Eh bien, & ce que vous sçavez ?* a quoi il répondit qu'il ne vouloit rien sçavoir, vive la foi & Sa Majesté. Enquis encore pourquoi il avoit dit qu'il ne vouloit rien sçavoir, a répondu qu'il l'avoit dit, parce qu'il ne vouloit pas se mêler de tout ce qui avoit trait aux ordres donnés par le Roi, & vive la foi & le Roi. Enquis encore sur quel objet il ne vouloit point se mêler de ce qui avoit trait aux ordres du Roi, & quel étoit le sens de cette réponse, a répondu que le sens dans lequel il avoit dit cela étoit qu'il ne vouloit pas s'opposer à l'exécution des ordres donnés par le Roi au sujet des Jésuites qu'il avoit expulsés, pour punir leur esprit d'indépendance. Enquis si outre sa fille & sa servante il apprit encore par d'autres personnes que la statue de la Sainte Vierge avoit eu précédemment les mains jointes, & les avoit actuellement en croix, a répondu que c'est par sa fille & par sa servante qu'il en a eu la première connoissance, & que depuis, sortie de la maison, il a entendu dire à des gens de la Catatrabe (c'est le quartier ou demeure le Temoin) que la statue de la Sainte Vierge avoit toujours eu les mains jointes, & quelle les avoit aujourd'hui en croix. Enquis si les jours suivans, & depuis le 14 il eut quelque connoissance de choses relatives à cet objet, a répondu que le 15 causant avec sa fille & sa servante, elles lui dirent que Bagna Sacristain de S. Jacques, assuroit que lorsqu'on célébra les Fêtes de Saint Louis de Gonzague & de Saint Stanislas Koska, il mit un rameau dans les mains de la statue de la Sainte Vierge, qui alors les avoit jointes, qu'au surplus elles lui dirent ne pas tenir ce fait de Bagna lui-même, mais d'autres personnes qu'elles ne lui nommerent pas. La fille & la servante du Temoin entendus de nouveau sur le fait contenu dans cette derniere déclaration ont répondu; sçavoir Jeanne-Anne Mas, fille, que ce fait est conforme à la vérité, & que c'est Rosa Vidal, autrement nommée Marrice qui le lui avoit rapporté; & Cathérine Flex servante, qu'elle ne se rappelle pas avec certitude le contenu en cette déclaration.

Sebastien Alopis, Marchand de Bestiaux, douzieme Temoin entendu sur les faits déclarés par Gabriel

Deya, huitieme Témoin, sçavoir, que le 13, lui Déposant & Gabriel Deya avoient été ensemble chez Ignace Mas, & que Gabriel Deya dit, *croiriez-vous que Jerôme Mas m'a dit dans l'Eglise de Sainte Olalla qu'il avoit observé que la statue de la Sainte Vierge, placée au haut du portail de l'Eglise de Monte-Sion, avoit précédemment les mains jointes, & qu'elle a aujourd'hui les bras l'un sur l'autre ou en croix?* A répondu que ce fait est très-certain.

Martin Torrendell, quinzième témoin, fut aussi entendue, & après les demandes relatives à l'attroupement, enquis s'il sçavoit le motif de ce concours de peuple, & à qui il l'avoit entendu dire, a dit qu'il avoit entendu dire à Antoine & à André, fils d'un ouvrier en laine, dont il a donné les signalemens & l'adresse, que ce concours de peuple étoit causé, parce que la statue de la Sainte Vierge, élevée au-dessus du portail de ladite Eglise, avoit changé la position de ses mains, les ayant précédemment jointes, & maintenant croisées. Enquis si dans quelque moment des 14, 15 ou 16 de ce mois il avoit observé quelqu'émotion dans le peuple, & quelque rixe entre ceux qui étoient attroupés, a répondu que le jeudi, 14, sur les dix heures du matin, un nomé Boda, Tisserand, approcha; & après avoir regardé la statue de la Sainte Vierge, il dit qu'il y avoit quarante ans qu'il la voyoit, & qu'il l'avoit toujours vu absolument de la même manière qu'elle étoit aujourd'hui, & ayant ses mains dans la même situation; qu'aussitôt qu'on entendit ce propos, beaucoup d'hommes, de femmes, d'enfans s'écrièrent: *c'est un Marrel, pis qu'un Marrel; ces gens-là ne voudroient pas reconnoître que la Sainte Vierge a changé la situation de ses mains;* qu'il ne reconnut dans ce tumulte que Gabriel Salom, Etudiant, fils d'un Tanneur, & que ces clameurs continuèrent jusqu'à ce que ledit Boda gagna la petite ruelle de Don Jean Antich, & remarqua que quelques petits garçons, notamment ledit Gabriel Salom, vouloient le ſuivre pour le lapider; que le Dépoſant dit auſſi : *c'eſt un Marrel. Mais quand ces gens-là ne le voudroient pas, ſi la Sainte Vierge a changé la ſituation de ſes mains, ils ne feront pas qu'elle ne l'ait pas changée*, & que quelques hommes empêcherent qu'on ne le lapidât. Enquis s'il avoit entendu dire au peuple amaſſé, quel ſens on donnoit à ce miracle, & à quoi on l'attribuoit ? a répondu que quelques-uns diſoient que c'étoit un miracle fait par la Sainte Vierge pour manifeſter ſon ſentiment ſur l'expulſion des Jéſuites; qu'il entendit une femme (de laquelle il a donne le ſignalement de manière à la faire reconnoître) qui expliquoit le miracle, en diſant que la Sainte Vierge demandoit à ſon fils le retour des Jéſuites, & qu'alors le Dépoſant dit à cette femme, *que de ce que la Vierge tenoit ſes bras croiſés ſur ſa poitrine, c'étoit un ſigne que les Jéſuites reviendroient :* Enquis s'il ſçavoit ou avoit entendu dire que le jour précédent le 14, pluſieurs perſonnes ſe fuſſent déja amaſſées & arrêtées ſur la place à regarder la ſtatue de la Sainte Vierge, a répondu qu'il a oui dire à Pierre, fils de la femme de charge de Don Jean Antich, que le mercredi, 13, au coucher du ſoleil, il avoit vu beaucoup d'Eccléſiaſtiques de la Paroiſſe de Sainte Olalla qui regardoient cette ſtatue, mais ne les lui nomma point.

Mathieu Amoros, Charpentier, dix-ſeptième témoin, demeurant aux environs de la place, enquis quand il a commencé à obſerver que la ſtatue de la Sainte Vierge fut regardée plus attentivement qu'à l'ordinaire, a répondu que le mercredi, 13, vers les quatre heures après midi, il remarqua deux Eccléſiaſtiques, dont il reconnut un, qui eſt le Chapelain de la Chapelle du Nom de Jéſus, dans l'Egliſe de Sainte Olalla, leſquels s'arrêtèrent deux fois devant la façade de ladite Egliſe l'eſpace de tems environ d'un *Credo* chaque fois, à quoi il ne fit pas grande attention, juſqu'à ce que le lendemain, environ ſept heures du matin, il vit pluſieurs personnes regarder la ſtatue de la Sainte Vierge; qu'enſuite le concours augmenta & devint très-nombreux ; qu'il continua les deux jours ſuivans, mais toujours en diminuant. Enquis s'il ſçavoit ou avoit oui dire à quoi on attribuoit ce miracle, & quelles perſonnes le croyoient ? a répondu qu'il ſe ſouvient uniquement d'avoir oui dire à Barthelemy (duquel il a donné le ſignalement ſuffiſant pour le reconnoître) qu'il croyoit & qu'il jureroit que la ſtatue de la Sainte Vierge avoit précédemment les mains jointes, & maintenant en croix, & qu'après qu'il lui eut dit cela devant ſa maiſon, & en préſence d'Antoine Serre, Ouvrier de ſa boutique, ils ſe ſéparèrent.

La Procédure parvenue au point où la porte cette dépoſition, & ſans qu'il ait été jugé à propos d'approfondir un plus grand nombre de faits, la Chambre Royale m'ordonna de dreſſer procès-verbal de toute la procédure; & l'ayant fait, le 18 la Chambre Royale rendit l'Arrêt ſuivant.

Vu toute la procédure faite par le ſieur Don Philippes Mirallès, Commiſſaire nommé pour toutes les opérations de la procédure à faire ſur cette importante affaire, & vu le procès-verbal dreſſé par le Greffier de tout ce qui en réſulte, la Chambre ordonne que ſoient arrêtées & tiennent priſon, dans les priſons Royales, les perſonnes du Docteur en Médecine Don Gabriel Oliver, de Jerome Mas, de Jeanne-Anne Mas, de Catherine Fiex, de Gabriel Salom, fils du Tanneur, de Martin Torrendell, de Barthelemi Ordier, qui demeure proche l'endroit où ſe péſe la paille, & a épouſé la ſœur d'un Teinturier qui précédemment demeuroit dans la rue de Monte-Sion, & d'une femme qui demeure dans la rue de la Pailleterie, belle-ſœur d'un certain Palut, avec ſaiſie de leurs biens ; & pour l'exécution de ce decret, & de tout ce qui ſera néceſſaire pour y donner effet, a commis ledit Sieur Mirallès: ordonne en outre que par le Greffier ſera dreſſé un procès-verbal contenant le précis de la procédure & des Ordonnances intervenues dans cette affaire, pour en informer le Conseil Royal & Souverain de Castille ; à l'effet de quoi ce procès-verbal sera envoyé à Son Excellence M. le Comte d'Aranda, Président de ce Conseil ; & sera remis un double de ce procès-verbal au Sieur Procureur Général de ce Tribunal Royal, pour qu'en conséquence, & relativement à son premier Réquisitoire, il envoye tel avis qu'il appartiendra au Sieur Procureur Général du Conseil Royal & Souverain, auquel seront joints les procès-verbaux de tout ce qui s'est fait jusqu'à présent, & encore de tout ce qui se fera de nouveau jusqu'au moment le plus proche qu'il sera possible du départ du Courier de cette Capitale vers la Cour Royale, afin qu'avec la plus grande connoissance possible ladite Cour statue sur ce qui s'est passé. Ainsi résolu & ordonné par Arrêt, & signé. Et au-dessous sont six signatures.

En conséquence, le 18, vers les six heures après midi, le Sieur Don Philippes Mirallès vaquant à l'exécution du Decret de prise de corps prononcé par l'Arrêt rapporté ci-dessus contre les personnes y dénommées, je soussigné Greffier, l'avertis que la femme du Docteur en Médecine Gabriel Oliver étoit grosse, & entroit dans son neuvième mois. Sur cet avis, le Commissaire m'ordonna de faire venir le Docteur en Médecine Don Raphael Evinent ; ce qu'ayant exécuté, ce Médecin comparut devant le Commissaire, lequel lui demanda, serment pris de lui de garder le secret sur ce qui alloit lui être proposé, sous telle peine qui seroit prononcée par la Chambre Royale, s'il croyoit qu'il y eût danger très-imminent de faire avorter une femme, entrée dans son neuvième mois de grossesse en arrêtant son mari prisonnier ? A quoi il répondit que cette femme ne sçachant point la cause de la détention de son mari, il croyoit qu'il y avoit danger très-imminent de la faire avorter, de quoi il offrit d'apporter des preuves.

Cette déclaration du Docteur en Médecine Don Raphael Evinente rapportée, le Commissaire, pour éviter le risque de faire avorter la femme d'Oliver, décida, par Ordonnance du même jour, environ dix heures du soir, que l'emprisonnement du Docteur en Médecine Don Gabriel Oliver seroit sursis, & commué en arrêt dans sa maison, lui défendant de l'enfreindre sous peine de mille livres, & lui défendant, sous la même peine, d'avoir aucune communication avec aucun des dénommés dans l'Arrêt précédent, ce qu'il ordonna par provision, & jusqu'à ce qu'il pût en rendre compte à la Chambre Royale, ainsi qu'il fit le lendemain, 19, lui rapportant en même tems la représentation qu'avoit faite ledit Don Gabriel Oliver, que de ce qu'on le tenoit renfermé dans sa maison, il en résultoit que sa femme se trouvoit l'être également, comme si elle étoit également criminelle, & qu'il pouvoit en résulter des suites très-facheuses, attendu l'état dans lequel elle étoit, pour à quoi obvier, il supplioit que les arrêts dans sa maison fussent commués en arrêts dans la Ville, offrant de se représenter devant le Commissaire, ou devant qui il plairoit à la Chambre Royale, & offrant d'en donner caution, avec la réponse qu'avoit faite ledit Sieur Auditeur Commissaire, que ses pouvoirs ne s'étendoient pas jusques-là, & qu'il en rendroit compte à la Chambre Royale. Celle-ci, sur le vu de ce compte rendu par ledit Sieur Mirallès, consentit à commuer les arrêts dans la maison d'Oliver en arrêts dans la Ville, en donnant par lui caution, & avec les mêmes précautions & sous les mêmes peines & dispositions portées dans l'acte de son emprisonnement.

Le même jour, 18, vers les neuf heures du soir, ledit Sieur Auditeur Commissaire fit sçavoir aux Sieurs Don Jean Tenreiro, Auditeur de l'Audience Royale, & à Don Fernand Chacon, Grand Alguazil de la même Audience Royale, qu'ils eussent à exécuter quand ils l'estimeroient à propos, les autres Decrets dont ils étoient chargés.

Ensuite, pour la saisie & le sequestre des biens des dénommés dans l'Arrêt de prise corps, ont été nommés quatre Greffiers, sçavoir, Nicolas Raca & Mora, Notaires, Michel Pont, Greffier en chef Criminel, François Rodrigues & Jerome Terrès, tous deux Greffiers Criminels de l'Audience Royale.

La même nuit du 18 furent prises & conduites ès prisons Royales les personnes dénommées en l'Arrêt de prise de corps, sçavoir, Gabriel Salom, Etudiant, Jerome Mas, Jeanne-Anne Mas, Catherine Flex, Martin Torrendelli, Barthelemi Monserrat, Cordier, & Isabelle Mirallès, fille, sœur de Palut.

Il s'est fait ensuite d'autres procédures, & ont été reçues beaucoup d'autres dépositions de témoins sur divers points, desquels, de l'ordre dudit Sieur Don Philippes Mirallès, il n'est point fait ici procè-verbal, ce Commissaire ayant jugé qu'elles n'étoient point essentielles pour donner une parfaite connoissance du point qui étoit l'objet de ces informations.

Et pour qu'à ces Présentes foi entière & croyance soit ajoutée tant en jugement que dehors, & partout où il appartiendra, j'ai rédigé le présent procès-verbal, & l'ai signé de ma main, écrit en dix feuilles, dont la première porte le sceau Royal destiné aux expéditions de ma charge, le tout en exécution de la Commission à moi donnée par ledit Arrêt du Tribunal Royal, du 18 de ce mois. A Palma le vingtième jour du mois de Janvier 1768. *Signé*, MATTHIEU ESTALE, Notaire & Greffier Commis.

Ordonnance de l'Excellent Seigneur, Capitaine général, Marquis de Alos.

Don Antoine de Alos & de Ricco Ferrer &

Felguera ; Marquis de Alos, Gentilhomme de la Chambre de Sa Majesté Sicilienne, Echevin perpetuel de la Ville de Barcelone, Lieutenant Général des Armées de Sa Majesté, Gouverneur & Capitaine général des Troupes & Royaume de Majorque & Isles adjacentes, Inspecteur du Régiment de Milices, Président de son Tribunal Royal, &c.

Sur ce que dans la matinée du 14 du mois courant, il s'est répandu dans le Peuple de cette Ville, qu'une statue de la sainte Vierge, placée très-anciennement au haut du Portail de l'Eglise du Collège de Monte-Sion, ci-devant occupé par les Religieux de la Compagnie de Jesus, avoit, dans la nuit immédiatement précédente, changé la situation de ses mains, ayant croisé ses bras sur sa poitrine, au lieu qu'auparavant elle avoit les bras étendus & les mains jointes ; j'ai pris des informations par personnes dignes de foi, craignant Dieu, & exemptes, par leur prudence consommée, des préoccupations auxquelles dans toutes les Nations une grande partie du Peuple est sujette, & j'ai vérifié qu'il est faux que cette statue respectable ait changé la situation de ses mains, & qu'elle les a aujourd'hui absolument de la même manière qu'elle les a toujours eues.

Comme beaucoup de personnes, d'un esprit simple & foible, donnent croyance à tout miracle, quelqu'évidente que soit sa supposition, j'ai dû notifier bien précisément au Public la fausseté de celui qui s'est répandu ledit jour : & comme la fabrication & l'assertion d'un si ridicule changement (que ce soit l'effet, ou de malice, ou de préjugé, ou de fanatisme) peuvent conduire à troubler la tranquilité publique, si heureusement conservée jusqu'à ce jour dans ce Royaume, & que quelques personnes malignes voudroient, par ce moyen, engager les personnes imprudentes & crédules à ajouter foi à des prestiges qui pourroient avoir des suites fâcheuses.

A ces causes, en attendant que le Tribunal Royal m'ordonne d'informer judiciairement avec le plus grand zèle & la plus grande activité sur cet objet, j'exhorte le Public qu'aucune personne n'ajoute foi à cette imposture ; je défends que qui que ce soit ose l'assurer, sous peine de punition rigoureuse ; & pour découvrir avec le plus de célérité que faire se pourra, l'inventeur d'une fourberie si pernicieuse, inventée à dessein de troubler la tranquillité publique, & de diminuer dans les Citoyens le respect & l'amour qu'a toujours mérité le Roi notre Souverain (que Dieu conserve) dont les ordres toujours sages tendent uniquement au service de Dieu & à l'utilité des Sujets qu'il aime ; je promets donner cinq cens écus à celui qui me fera connoître l'auteur de cette fourberie, en me donnant des preuves suffisantes pour le convaincre, je lui promets aussi le secret autant qu'il sera nécessaire & toute sauve-garde, pour que directement ou indirectement il ne puisse lui être fait aucun mal ni tort à cause de sa délation ; & à cet effet, pour que tout ce que dessus soit notoire, le présent sera expédié, signé de ma main, & scellé du sceau de mes armes, & contre-signé par le soussigné Secrétaire du Gouvernement & Capitainerie Générale de ce Royaume. Donné au Château Royal de Palma, le 17 de Janvier 1768. *Signé*, le Marquis DE ALOS. D. FRANÇOIS DE ORRIOS.

Ordonnance de l'Illustrissime Evêque de Majorque.

Don François Garrido de la Vega, par la grace de Dieu & du S. Siége Apostolique, Evêque de Majorque, du Conseil de S. M. &c. A toutes les personnes de l'un & de l'autre sexe, demeurant dans notre Diocèse, de quelque état, sexe & condition qu'elles soient. Nous faisons sçavoir, qu'obligé par notre Ministère pastoral, de veiller à empêcher que le peuple dont le gouvernement spirituel nous est confié, ne soit exposé à des illusions qui troublent la paix & la tranquillité publique, & qui excitent des divisions entre les fidèles, en rompant les liens de la charité, & conduisant les ames jusqu'à l'extrêmité d'oublier la première obligation des Chrétiens, de manquer à Dieu même, par la profanation de ses Saints Mystères, & au Roi leur Souverain, par l'altération du respect le plus profond dû à ses déterminations, & de l'obéissance la plus prompte due à ses volontés; nous nous sentons obligés, par le devoir de notre ministère, de redoubler de vigilance, lorsque ces deux crimes abominables se trouvant réunis, il arrive que la malice ose abuser de la piété simple des ignorans, pour commettre un sacrilège contre le premier de ces devoirs, afin de parvenir au mépris du second, au succès de passions criminelles. Etant donc chargés de paître spirituellement nos brebis, & devant répondre à cette obligation & faire en sorte que la doctrine enseignée à nos Peuples soit la plus pure, la plus saine & la plus sûre, sans mêlange d'ivraie ni d'autre chose dangereuse, qui puisse les conduire au précipice, comment nous disculperions-nous au Tribunal de Dieu, si nous laissions courir librement les bruits & les rumeurs, qui, fabriquées dans la boutique infernale de l'illusion & du mensonge, entraînent la crédulité simple des petits sous l'apparence de la Religion, & les conduiroient insensiblement à douter de la justice & des déterminations les plus sages de notre bienfaisant Monarque? & comment nous acquitterions-nous du devoir de sujets fidèles, que nous avons contracté en naissant, & que nous impose de plus en plus la gratitude & la reconnoissance que nous devons aux faveurs distinguées & supérieures à notre mérite dont il a daigné nous honorer, si nous ne faisions pas tout ce qui est en notre pouvoir, & tout ce qui peut dépendre de nous pour contribuer, & à la prompte exécution de ses volontés royales, & à la conservation du respect humble & sans bornes, que doivent avoir pour ses ordres les Fidèles de notre Diocèse.

Personne n'ignore l'exécution qu'a eue dans cette Isle, le 3 Avril de l'année dernière, la Sanction-Pragmatique du Roi, par l'expulsion des Religieux de la Compagnie de Jesus, nous n'avons point ignoré non plus la compassion que le sort des expulsés a excité dans beaucoup d'habitans de cette Isle, attachés aux Jésuites, les uns par les liens du sang, les autres par l'éducation, les autres par les relations de directions spirituelles ; mais nous avons observé en même-temps, & rien de contraire n'est venu à notre connoissance, que tout le monde gardoit un profond silence sur cet événement, comme le prescrit la Pragmatique-Sanction du Roi. Notre zèle se reposoit sur la paix & le calme avec lesquels s'étoit exécutée cette expulsion, sans qu'il y eût eu la plus légere agitation ni la moindre rumeur dans ce Peuple nombreux : & nous voyions avec satisfaction que tout le monde avoit pour la résolution de Sa Majesté toute la vénération & le respect qui lui sont dus, & répondoit parfaitement à ce que nous avions recommandé l'année dernière à nos Diocésains, en exécution des Ordres du Roi, touchant la vénération qu'ils doivent avoir pour le Gouvernement juste & sage de Sa Majesté, & des Ministres éclairés & fidèles qu'il honore de sa confiance royale.

Nous avons reçu le 23 Octobre dernier une Ordonnance du Conseil souverain de Castille, par laquelle, sur ce qu'il s'étoit publié de prétendues prophéties & révélations fanatiques de quelques Religieuses sur le retour de la Société des Jésuites, & d'autres illusions séditieuses, qui, fomentées par des Directeurs dans l'intérieur des cloîtres, se répandoient au dehors & tendoient à troubler la tranquillité publique, nous étions chargés d'employer toute notre application, notre zèle & notre vigilance à bannir de telles abominations du sanctuaire de maisons consacrées à Dieu, en retirant la direction des ames des mains suspectes qui inspirent aux Religieux semblables illusions, & en la confiant à des personnes si bien choisies & d'une doctrine si saine & si pure, que leurs inspirations ne tendent qu'à affermir l'obéissance, la fidélité & le respect qui sont dus aux deux Puissances.

Pour remplir cet Ordre, n'ayant pas encore la moindre connoissance qu'aucune illusion semblable se fût formée ni accréditée dans les Monastères de notre dépendance, nous nous sommes contentés d'adresser par-tout une Lettre circulaire, non à titre de remède, mais à titre de simple précaution contre le mal qui pouvoit être à craindre, si des illusions semblables venoient à s'élever dans ce Pays. Toutes les Supérieures nous ont répondu en nous assurant de la plus grande exactitude à suivre nos avis : quelques-unes, engagées par notre Lettre à redoubler leur attention, nous ont marqué que par hasard quelques Religieuses de leurs Maisons avoient eu connoissance, par des personnes séculières, de faux miracles supposés être arrivés hors du Royaume, mais nous assuroient en même-tems que ces Religieuses n'avoient pas donné la moindre croyance à ces prestiges, & qu'elles les avoient envisagé avec la plus grande indifférence, comme d'autres fables qui se débitent & s'attribuent à des Pays fort éloignés, & toutes nous ayant promis de nous répondre des suites de la moindre négligence ou omission de leur part, & de nous informer de tout ce qui pourroit survenir de contraire au contenu en l'Ordonnance Royale, tant de la part des Religieuses, que de la part de leurs Directeurs, nous pensions avoir suffisamment pourvu à tout inconvénient sur cet objet qui tient tout à la fois, & à la profonde vénération due à la Religion, & au respect sans bornes dû à la justice des déterminations royales de notre Auguste Souverain, à l'exacte observation duquel nous engage autant le sentiment de notre amour, que l'obligation du devoir.

Mais il n'en est pas arrivé ainsi, l'ennemi commun, non content d'avoir suscité dans les Couvens des autres Provinces, ces abominables illusions

ſions qui ont occaſionné les Ordonnances Royales dont nous venons de parler, a voulu auſſi rendre cette Ville le théâtre de ſes fourberies diaboliques, afin de parvenir par ce moyen à ce qu'il n'avoit pas pu faire par le premier. Tout le monde ſçait que le matin du 14 de ce mois, il s'eſt formé à la porte de l'Egliſe de Monte-Sion un grand attroupement de perſonnes attirées par le faux bruit répandu dans le peuple, qu'une ſtatue de la Sainte Vierge, ſous le glorieux titre de la Conception, élevée au haut du portail de cette Egliſe, avoit changé miraculeuſement la ſituation de ſes mains, & qu'au lieu qu'elle les avoit précédemment jointes, elle les avoit alors croiſées ſur la poitrine. Nous ne pouvons dire combien nous avons été affectés de cette nouveauté, quoique lorſqu'elle eſt parvenue à notre connoiſſance, le Gouvernement eût déja pris toutes les meſures convenables pour aſſurer la tranquillité publique, par les précautions les plus promptes & les plus ſûres que ſon zèle & ſa vigilance lui ont inſpiré. Nous avons réfléchi auſſitôt ſur les circonſtances d'une impoſture ſi déteſtable, & en y réuniſſant la conſidération du lieu où eſt cette Sainte Vierge, & du myſtère qu'elle repréſente, nous avons jugé que c'étoit l'invention la plus infernale que la malice pût controuver, & la plus propre à émouvoir les eſprits des habitans de cette Iſle, tant à cauſe de la grande & ancienne dévotion qu'ils ont tous pour ce myſtère, qu'à cauſe de la paſſion que quelques-uns d'eux ont encore l'indiſcrétion de conſerver pour les anciens poſſeſſeurs de la maiſon dont cette Egliſe dépend; enſorte qu'il n'y a que le malin eſprit du plus pervers d'entre les hommes, & du plus grand ennemi du repos & de la tranquillité publique qui ait pu imaginer de mettre ainſi en jeu la dévotion des uns & la paſſion des autres.

Comme l'impoſture étoit groſſière & évidente

à quiconque avoit vu la ſainte Image, nous nous perſuadions qu'elle ne pouvoit que s'évanouir, & nous jugeons encore qu'elle ne peut avoir un autre ſuccès dans tous les eſprits, ſurtout dans ceux des perſonnes judicieuſes & réſervées qui ne peuvent donner dans le piége de ſemblables illuſions, & de toutes les perſonnes qui examinent les choſes ſans prévention à la lumiere de la raiſon. Mais comme l'une ou l'autre de ces qualités manque dans bien des perſonnes ſimples & ignorantes, qui, troublées par l'annonce ſubite de quelque choſe d'extraordinaire, ſe laiſſent facilement perſuader des preſtiges que leur pente naturelle ſeconde, nous ne pouvons douter des ſuites funeſtes que le bruit de ce prétendû miracle peut produire dans ceux qui n'ont pas voulu ou pû ſe déſabuſer par leurs propres yeux; puiſque, comme nous l'avons appris, dans la foule du peuple amaſſé ſur la place, entre les voix confuſés, ſe diſtinguoient celles de quelques perſonnes qui diſoient que rien n'étoit plus ſûr que le changement de poſition des mains de la ſainte Image: en attendant que nous ayons pû faire conſtater la vérité, par une procédure réguliere faite de notre Ordonnance, nous laiſſons à la réflexion de toute perſonne prudente de juger du but abominable pour lequel a été forgée cette fourberie, & des vûes de malignité de ceux qui l'ont fomentée: & pour ce qui touche notre miniſtère, nous ne pouvons nous diſpenſer de déclarer que ceux qui ont commis l'une ou l'autre faute, ſe ſont rendus très-coupables, en ſuppoſant & feignant un miracle qui n'a, & n'a eu aucune réalité; & que ce crime très-grave par ſa malice intrinſéque, l'eſt encore bien plus par la fin à laquelle il tend, qui eſt de cauſer un trouble & une agitation générale dans cette Iſle, dont le tems ſeul peut découvrir toutes les ſuites: & quoique les meſures efficaces priſes par le Gouvernement, ayent coupé court à ces ſuites funeſtes, ce ſuccès heureux ne diminue en rien la faute de l'auteur de l'imposture, & en ajoutant à ces deux crimes, celui qu'on a lieu de présumer, d'avoir voulu inspirer des doutes sur la justice des résolutions de notre Monarque Catholique, & faire penser, par le moyen d'une supercherie diabolique, qu'elles n'ont pas été conformes à la volonté de Dieu, on ne peut concevoir de peines trop fortes ni trop graves qui ne soient dues à tant de crimes. Nous desirerions ardemment découvrir les coupables de noiceurs si exécrables, pour leur imposer celles qui sont de notre ministère, & nous espérons y parvenir, si les mesures que nous avons prises réussissent heureusement.

Mais comme il ne suffit pas de punir les coupables, si nous parvenons à les découvrir, pour prévenir toutes les suites funestes d'un attentat si exécrable & effacer entièrement de l'esprit de tous nos Diocésains, soit ignorans, soit prévenus de passion, l'impression que peut leur avoir fait cette supposition; usant de nos pouvoirs ordinaires, & après avoir fait tout ce qui est de notre devoir, nous déclarons authentiquement que ce miracle n'existe point & n'a point existé, que tout a été fiction & imposture, & invention de malice, tendant aux fins criminelles ci-dessus énoncées: nous défendons que qui que ce soit y ajoute la moindre foi, ni ose publier ou avancer que ce miracle existe ou ait existé, ou que la statue de la sainte Vierge, dont il s'agit, ait changé en quoi que ce soit l'attitude de ses mains, sous peine d'excommunication majeure, *latæ sententiæ*, encourue *ipso facto*, par quiconque diroit ou publieroit cette fausseté. Nous ordonnons sous la même peine, à quiconque entendra de tels discours, que dans l'intervalle de trois jours il nous en informe, pour procéder, ainsi que de droit, contre les transgresseurs de notre Ordonnance. Et quoique ce qui est arrivé dans cette Ville soit la leçon la plus convainquante & le meilleur préservatif pour que personne ne croye dorénavant, & que tout le monde regarde avec le plus grand mépris les miracles ſuppoſés, qui ſe ſont répandus dans d'autres Pays, ou pourroient encore être répandus dans cette Iſle; pour plus grande précaution, nous défendons, ſous la même peine d'excommunication majeure, *latæ ſententiæ*, encourue *ipſo facto*, que perſonne n'oſe rapporter ou publier ces miracles faux & ſuppoſés, ni autres qui, de quelque manière que ce ſoit, directement ou indirectement, aient rapport à l'expulſion des Religieux de la Compagnie de Jeſus, ni à leur retour dans ces Royaumes; & la même peine ſera encourue par ceux qui, connoiſſant les Tranſgreſſeurs, ne nous les dénonceront pas dans les trois jours pour être punis.

Et afin que ce que nous venons de dire & de déterminer, parvienne à la connoiſſance de tous nos Diocèſains & ait de leur part l'exécution la plus entière, nous voulons que cette Ordonnance ſoit expédiée, & lue à la Grand'Meſſe du premier jour de Fête qui ſuivra immédiatement ſa réception, dans toutes les Egliſes de notre Diocèſe, qu'elle ſoit affichée dans les Sacriſties, aux portes des Egliſes ou autres endroits deſdites Egliſes les plus convenables pour la rendre publique. Chargeant, comme nous le faiſons formellement, tous Curés & Vicaires, Supérieurs & Directeurs de Communautés Eccléſiaſtiques, de donner leur plus grande attention à faire exécuter nos ordres, ne ſe bornant pas à la ſimple publication de cette Ordonnance, mais s'attachant à ce que tous leurs Paroiſſiens, tous ceux qui leur ſont ſoumis, & généralement tous ceux qui ſont, de quelque manière que ce ſoit, ſous leur direction, entendent & pénétrent parfaitement le ſens de notre Ordonnance, afin qu'ils ne puiſſent, ſous aucun prétexte, ſe dérober à la peine la plus ſevère, s'ils ſont convaincus de l'avoir tranſgreſſée, reſervant, comme nous faiſons, de prendre les meſures qui conviendront contre les Curés, Vicaires, Supérieurs ou Directeurs que nous reconnoîtrons avoir eu la plus legère négligence ſur cette matière. Nous les chargeons & leur ordonnons aussi de ne pas oublier de leur rappeller par tous les moyens possibles l'obligation où ils sont de recommander à Dieu dans leurs prieres notre Souverain, pour que Dieu prolonge sa précieuse vie, & bénisse le cours de son heureux Gouvernement, en leur inspirant en même-tems l'obéissance sans bornes qu'ils doivent à ses Ordonnances Royales, & le profond respect qu'ils doivent porter à tout ce qui émane de son Trône Royal, lors même qu'ils n'ont point à contribuer à son accomplissement. Et sera promptement & expressément accusée à notre Secrétariat la reception de notre présente Ordonnance. Donné à Palma en notre Palais Episcopal le 22 Janvier 1768, *François, Evêque de Majorque*. Par ordre de mondit Seigneur Evêque, *Don Pierre-Charles Avalle, Secrétaire de la Chambre.*

Il est inutile de faire aucune réflexion sur le dénouement d'une imposture aussi grossière, qui choquoit tellement ce que tout le monde avoit vu & voyoit encore, que ce seroit offenser la vérité & même la raison que de perdre du tems à en raisonner.

Mais on ne peut omettre une considération, c'est que le mobile caché & le véritable intérêt qui suscitoit & s'efforçoit de faire valoir ce miracle supposé, étoit si visiblement le desir de soulever le peuple & de lui rendre odieuses les mesures prises au sujet des Religieux de la Société des Jésuites, & de la suite, qu'on ne peut pas attribuer à autres qu'à eux d'en avoir été les instigateurs.

Si ce sont leurs affiliés, c'est une preuve évidente que nous avons encore au milieu de nous cette fausse doctrine soutenue de tout tems par ces Religieux, qu'il est permis d'employer toutes sortes de crimes & de profanations contre l'autorité publique, lorsque l'intérêt de leur Société l'exige.

Il s'ensuit encore que les mesures prises dans ces Royaumes contre les membres de cette Société ne ſont pas ſuffiſantes, & qu'il eſt indiſpenſable que le Gouvernement proſcrive tous leurs artifices & leurs doctrines ſéditieuſes, & rétabliſſe la pureté des maximes que l'Evangile & le Chriſtianiſme enſeignent, même aux plus relachés.

Un ſi noble ouvrage eſt réſervé à d'autres genres d'écrits. Le Public doit ſe contenter, pour le préſent, de la ſimple relation des faits, en attendant qu'on ait extirpé du genre humain, non-ſeulement cette eſpèce de preſtige, mais encore plus ce qui en eſt le principe déteſtable, les livres & les études qui y donnent cours. C'eſt à quoi doivent concourir tous les Fidèles & tous les Paſteurs, pour ne pas conniver par leur ſilence, aux faux Prophètes qui flattent les paſſions des hommes, entretiennent les peuples de fables, & les portent au fanatiſme: Hommes pervers que les divines Ecritures nous annoncent devoir être abſolument exterminés, mais réſervés à nos jours pour y remplir la meſure de l'abomination!

www.ingramcontent.com/pod-product-compliance
Ingram Content Group UK Ltd.
Pitfield, Milton Keynes, MK11 3LW, UK
UKHW022102190726
13855UKWH00002B/591